大道塾塾長
東 孝

人と結びて有情《ゆうじょう》を体《たい》す

社会の絆、家族の絆は武道にあり

東京堂出版

道 場 訓

我々《われわれ》は空道《くうどう》の修行《しゅぎょう》を通《つう》じ
強固《きょうこ》なる精神力《せいしんりょく》と体力《たいりょく》とを養《やしな》い
文《ぶん》に親《した》しみ智力《ちりょく》を練《ね》り
人《ひと》と結《むす》びて有情《ゆうじょう》を体《たい》し
もって人格《じんかく》の陶冶《とうや》をなし
社会《しゃかい》に寄与貢献《きよこうけん》する事《こと》を
希《ねが》うものなり

はじめに……心・技・体を鍛える道

これまでに、私は武道関連の書籍を数冊上梓した実績はあるものの、教育本というのは今回が初めての試みです。私は教育者ではないので、学校教育の観点からは、何も言える立場にはありません。ですが、子供たちのイジメ問題が絶えない現状や、スポーツの世界で体罰の報道が目立つ今の日本の社会にあって、自分にできることは何か？　を考えた時、一人の武道家として、普段道場で教えていることや武道を通じて心・技・体を鍛える道を、少しでも世間に伝えられたらと思い、この度、この書籍を出版させていただくことになりました。

正直なことを言えば、私は少年時代、やんちゃな日々を送っていました。一時期はよく喧嘩した時代もありました。でも、悪いことをすれば、厳格な父親に説教だけでなく、手を挙げられ、時には角材で殴打されたこともありました。父親は、痛みを知ってほしいために、私に手を挙げたのだと思います。父親に手を挙げられたことで、私は身に沁みて痛みというものを知ることができました。

中学生になりチームスポーツである野球部に所属したものの、満足感を得られなかったのか、チームスポーツが自分に向いていなかったのか、高校生になると父親のすすめもあって、柔道部に入部します。私が人生で初めて出合った武道でした。

この柔道こそが、私の武道の原点となりました。競技としては団体戦もある柔道ですが、試合では必ず一対一で向かい合います。練習を重ねていって、勝ったり負けたりして、気づいたことは、試合をする武道では「ハッタリがきかない」ということです。言い訳だってできません。

自分には両親から授かった、もって生まれた体力がありましたが、体力だけで勝てるほど、武道は甘いものではありません。心・技・体が伴っていなければ武道で勝つことはできないのです。これは人生に置き換えても同様だと思います。

「心」は感謝する気持ちであり、人を敬う気持ちです。そして平常心を保つということは、人生を生きていくうえで、とても大切です。

「技」は業という字に置き換えてもいいでしょう。日常の行ない＝業をしっかりとしなければいけない。

「体」は頑丈な肉体を作るまえに、健康でいることが一番ですし、この体という字は体験したり、体得するという人生において大切な言葉にもつながると思うからです。

１９８１年に大道塾を興し、その二十年後には国際空道連盟大道塾に改称。そして大道塾設立以来、三十二年の時を経て、空道は『第二のオリンピック』と言われるワールドゲームズ２０１３カリ大会でエキジビション・ゲーム（公開競技）の一つに加えられました。三十二年前に大道塾を設立した時の夢は、「いつかはオリンピック種目へ」でした。ようやく一歩前進できたのではないでしょうか。

私事ではありますが、空道に改称する前年に長男を亡くしました。すべてのやる気が失せてしまいましたが、弟子の声に助けられました。その翌年には初の世界大会を開催。長男の十三回忌の昨年に、降って湧いたワールドゲームズの公開競技の話。浅からぬ因縁を感じたりもしています。

暴力や体罰、イジメ問題を考える時――武道をやっている人も、武道をやっていない人も、「武道」からは、きっと学べるものが見つかるはず――そんな思いで、この本を綴ってみました。

平成二十五年八月、国際空道連盟大道塾総本部にて　東　孝

人と結びて有情を体す＊もくじ

第4章　南の島で、暴力に走る若者を考える！

本文デザインDTP／イエロースパー
製作協力／三次敏之
編集協力／オフィス朋友

第1章

真の武道教育が今こそ必要とされる時代！

子供は大人が本気になったなら勝てない

小学生や中学生、高校生の間で、陰湿なイジメ問題が度々発生し、学校、家庭を巻き込んでマスメディアが大騒ぎしている。その都度、関係者の間で反省の弁が述べられ、再発防止に邁進する、と深々とおじぎする姿を見せられるのだが……。

私の幼少の頃は、一対一にせよ複数にせよ、いわゆる〝ケンカ〟はよくあったが、ウチにこもるような陰湿なイジメといった問題で騒がれるということなどはあまりなかったと思う。殴り合いや取っ組み合いの喧嘩をすることで、お互いに痛みを知るということも学んだからだと思う。もちろん、私が一方的に喧嘩だと思っていたことが、先方にはイジメだと思われていたかもしれないが……。あとで触れるが、私は小学校六年生まで喧嘩で負けたことがなかったから、ある日の喧嘩で負けるまで、やられたと実際に肌で感じることがなかった。

どの親でも、いかに自分の子供の心と体が、すくすくと丈夫に育ってほしいかというのは、強く願っているだろう。正しいこと、悪いこと、ことの善悪を教え、子供をしつけている。学校では先生が勉強を教え、勉強以外においても、子供たちが良い子であるようにと、教育・指導を行なっているのも当然だ。

ところが、最近では子供の心が荒れ、親に反抗して引きこもったり、家庭崩壊、学級崩壊が起こったり、イジメ問題といった事件があとを絶たないという悲しい現実がある。

そこで、礼儀正しいとか、温厚だというような装飾はあるにせよ、根本的に暴力、もしくは腕力を教えている、強面《こわもて》な人間と思われているかもしれない武道家、格闘家の一員として、この問題に対して何を言えるか？　言うべきか？　何ができるかを考えてみた。

口幅ったい言い方かもしれないが、私は一対一で闘うという武道というシンプルな道に、その救いのヒントが隠されている、と確信している。野球やサッカーといった人気のある団体スポーツに打ち込むのが悪いとは言わない。でも、柔道、空手、相撲といった個人競技である武道の良さにも気づいてもらいたい。

親御さん達に理解してほしい個人競技の良さ、子供が武道を通じて身をもって思い知ることの第一は「子供は、大人が本気になったなら勝てない」という現実である。

非常に単純ではっきりしているが、このことは教育という意味で、物凄く重大な意味を持っている。

小学生でどんなに喧嘩が強い子供がいたとしても、大抵は大人が本気になったなら、まず勝てない。技術だけで勝敗が分かれる競技と違い、体力が大きな要素となる武道では上には上がいるということを思い知ることができる。

この体験を通じて、年長者を心から敬い、目下の子に余裕をもって接することができる、優しく強い子供へと成長していくことを武道では学ぶことができる。武道と聞くと、技術や体の鍛錬というイメージを描いてしまう人も少なくないようだが、体の鍛錬を通して心を鍛え、礼儀礼節を学ぶことができるのだ。

もちろん、どこの家庭でも挨拶や言葉使いなどは教えていることだが、親の言うことを聞かない我が子に対し、どのような注意や叱り方をしていいのか悩んだり、戸惑っている親御さんが増えているという声を数多く耳にする。

言葉でしつけ教育をすることも大事である。でも、インターネットの普及で昔ならその年齢では知りえないような世の中の裏・表を知り、必要ない情報までもいち早く吸収し、変にクールで平気で屁理屈を言う頭でっかちの子供も増えてきてしまい、年

発足当時の東北地区大会にて。この時の入賞者は、礼儀正しかった。時代とともに価値観は変わることもある。

長者の言うことを素直に聞き入れない場面もよく目にする。そんな時こそ、体で覚えさせるのが一番なのだ！

武道は体を使った鍛錬をするために、子供は言葉という無形、抽象的な概念だけではなく、直接的な強さという、現実の力の差を実感し、その過程で礼儀も覚えていく。

空道の少年部の大会の表彰式で成績上位の子供にトロフィーを渡す際に、「ありがとうございました」と、お辞儀をする子供もいれば、黙って受け取る子供もいる。そんな場合、みんなが見ている前とか個人的には言わないようにしているが、必ず試合のあとの講評などで「物をもらったら、ありがとうございます、という習慣を身につけなさい」と指導する。

道場での稽古の際も、「おはようございます」、「さようなら」、いけないことをしたら「すみません」という基本的な挨拶を習慣づけるとか、靴はきちんと揃える、縦横の線を気にして並ばせるとか、常に「自分一人ではなく、集団の中にいる自分」というものを自覚させ、子供のうちから「周りに気を配る」ということを教える。

また、返事をする時には相手の目を見て、視線を反らせない。そして、「はい」と大きな声で返事ができるように、指導している、など……。

ある日の練馬の道場でのこと。今の総本部道場と違って当時は一面しかなかった。私が夕方から人と会う予定が入り、たまに「自主トレ＝個人トレーニング」を少年部の時間帯にすることがあった。そんな時は、子供たちが道場に入ってくる時から稽古中まで、自分の練習をしながら、指導員を助けていろいろと挨拶や技について声を掛けている。

そうした中で、ある子供は入門から暫く経ったのだが、なかなか返事や挨拶ができない。道場に入った時、私がトレーニングをしているのを見ると、ほとんどの子供は一丁前に「先生オスッ」だったり、単に「オスッ」と空手的な挨拶をするのだが、この子だけは全くする様子がない。ただ黙って顔も見ないで横を通り過ぎる。悪気があるとか反抗的だとかでは全くないのだが、今はそういう基本的なしつけを家庭でされていない子供が結構いるのだろう。

そんな子供には、まず一応の挨拶は教えるが、初めからあまり無理強いすると、慣れる前に道場に来なくなってしまう。そのために少しずつ、徐々に教えていくようにしている。その後も、たまに「挨拶は？」と促すのだが、それでも1カ月ぐらいはしたりしなかったりだった。稽古中でも指導員の声にもなかなか返答しない。

ただ私が少年部の隣で、必死の形相をしてバーベルを上げたり担いだりしているのは気になるらしく、時々チラチラ横目で様子を見ているから、脈があるのは経験上、分かっていた。

それから、またひと月ぐらいして、私が考え事をしながらトレーニングをしていたため、その子が入って来るのに気がつかないでいた。ところがその子は私の前でピタリと止まると、何と！　遂に、自分のほうから大きい声で「先生、オッス！」と言ってきたのだ。

「おー！　やっと挨拶ができるようになったな〜!!」と思わず声を出して抱き上げてしまった。

ホットしたと言うか、やっぱり武道の教育力はすごいな〜と感じ、再認識したものだった。若者を教えていると暗澹《あんたん》となることも多いが、こんな時は本当に武道を教えていて良かったなと思う。

おそらく、この子はそれまでは学校でも挨拶はしなかったろうし、今もどうかは分からない。しかし少なくとも道場ではするようになった。

あとは何かのきっかけで、他の場所・場面でもするようになるはずだ。これは、この子供のこれからの人間関係や人生にとって大きな変化・進歩になるはずである。

もう一つ、子供たちとの間で、指導者として常に心がけていることがある。

それは、道場という空間が子供たちにとって窮屈で厳しい空間とならないように、武道をやっていて楽しいと感じさせるためにも、少しのことでも大袈裟なくらいに褒めることだ。子供はチョットしたことでも褒められれば、また褒められたいと思うようになるし、稽古は厳しいものと思わせないためにも、子供たちが笑顔でいられるように、少年部には特に明るく、楽しい指導というものを心がけるようにしている。

空道、武道というものが厳しいだけだと子供の中で意識を植えつけさせないことも大切なのだ。

厳しいと思い込ませてしまうと、今の子供たちはすぐに離れていってしまう傾向がある。そこは教え方も大切で、道場は人間形成の場なのだ。とは言っても、優しさの中にも厳しさがあるという教え方をしていく必要がある。

一方で、己が磨かれる、人間形成というのは、簡単に学べるものではない。今のような子供でも自己主張が強くなっている時代、人は頭、つまり理性だけでは、肥大化した自分（妄想）を変える気にはなれない。それは肉体という具体的なものを持っている以上、空想、妄想では可能な「空を飛ぶことも、地中に潜ることも人間にはできない」と実感するからだ。

とは言え、この「武道・格闘技」の世界でも、何年周期かで、「精神力を鍛えて強くなる（なれるはずだ）！」とか、「特別な技を使えば、力は要らない。人は簡単に倒せる」などと公言する勇気のある人が出てくる。しかし、文章や口説で何とかなる誇大妄想で、いくら頭で思っても、残念ながら人は精神力だけでは倒れない。肉体を鍛える具体的な練習をしなければ強くなれないし、約束事で成り立つ体系なら別だが、実際に自由に戦うとなれば、特別な技などどこにもない、という現実を知る。

第一、人類始まって以来、人は強さに拘《こだわ》って生きてきているのだ。研究装置が精密、大掛かりになることで大きな発見や発明がなされる科学と違い、生身一つで造り上げるしかない「武道・格闘技」の世界で、今まで何千年も何千万人（何億？）という修行者の誰もが、生涯を賭けて研究し、研鑽してきて気づかなかった、発見できなかった凄い技が、急に出てくることなどあり得ない。

当然技の習得と同時に、走り、ウェイトトレーニングも行ない、といった着実な一歩一歩を重ねるという、謙虚さを身につけなければ、進歩向上はないということを「嫌でも自覚する」のだ。それが武道を学んでいく過程においては、普通のことであり、キツイ、または厳しいことを経過しなければ何にも変わらないという一面を自分からも学ばせなければいけないのである。

道場に来ている頃はそんなことを言ったことがない塾生や元塾生が、何かの折に「大道塾に入門し、キツイ、厳しい稽古も経験したけれども、それを学べたお陰で、社会に出ても自信が持てた」という声が届いて来たりすると、武道家で良かった、武道を教えていて良かったという気持ちになれる。

道場というのは、技だけ教えたり、競技で勝てる強い人間だけを育てている場所と思っている方々には、この本をきっかけにして「武道（空道も）、道場」といった一見、古色蒼然とした言葉の中にある、こんな広くて普遍的な意味を理解していただければ幸いである。競技で強いといっても、長い人生の一時期にしか過ぎない。武道というのは、試合場や道場だけでなく、社会でも通じる、本当の意味での心の強い人間を育てていく場所だということを。

年長者を敬う

武道において、負けを知るというのは、非常に大切なことだ。負けを知ることで、年長者や上級者を敬う、尊敬するということを覚えていくからだ。年長者というのは自分より優れているし、強い。さらには武道は子供同士でも敵わない強い相手がいるということを、肌身をもって思い知らせてくれるのである。

私も中学生時代に野球部に所属していたので、チームスポーツの経験はある。チームスポーツにおいての敗北というのは、自分の責任で負けたという場合は少なく、逆に「あいつがミスしたから」とか「ポイントゲッターのあいつがポイントを取らなかったから」というように、誰かのミスで負けたと思うケースが往々にしてあるものだ。

でも、武道というのは競技として、「投げる、殴る、蹴る」という直接的な接触によって、勝つも負けるも自分の責任（力の差）の場合がほとんどだ。

前述したような、インターネットやマスコミの影響で、まずい結果や失敗は他人に負わせることが巧みになっている子供たちにも、「自分一人で戦い、敗れたという」逃れようのない自己責任ということを分からせることができる。これが武道の大前提であり、武道の最も大きな存在価値である。

競技にもよるけれど、技術中心の競技では小学生で成長して高学年になると、自分は親も含めて大人よりも上手なんだ＝競技者として強いんだ＝と、増長してしまっている子供も見受けられるが、そういうことは武道の世界だけでは絶対に思わせてはいけない。

大人と子供が技術だけでなく、体と体でぶつかって、力と力でぶつかって、「大人には絶対に勝てない」ということを子供の時に自覚させていく。それが武道を通じた教育の基本だと私は思っている。

大道塾では子供が入門してきた時に、私はその子供のお父さんに、「一緒に稽古しましょう」と勧めている。子供と一緒に入門するお父さんもいれば、子供の稽古を数日

大道塾では毎年夏にサマーキャンプを実施。もちろん、団体生活を送ることの意義も教えている。

間見学して入門を決意するお父さんもいて、それぞれの思いや入門パターンがあるが、空道の基本稽古は別にして、私は道場で子供には、「オヤジさんと戦って倒してみろ！」と声をかけるようにしている。

道場の畳の上で親子の取っ組み合いが始まるわけだが、中学生くらいまでは大人が本気になったなら、普通の子供は絶対にオヤジを倒せない。最近では大人と子供が体ごと接触（ぶつかったり取っ組み合ったり）することなどめったにないだろう。父親にとっても新鮮な感覚なはずだ。そうなると父親が他の子供にも武道を勧める。そのうちその子の父親が入門し、子供と一緒に稽古をするようになる。大道塾の少年部は親子が一緒に稽古をするケースが本当に多い。

道場での稽古、体験を通じて親子の心の結びつきも深まっていく。全身汗びっしょりになりながら、今までは顔が会えば、「ああしろ、こうしろ」と煩いだけだったサラリーマン姿の父親が、道着に身を包んで「眦《まなじり》を決している姿」を見ると、一目置くようになり、心からの信頼が生まれ、稽古の合間には心からの笑顔が絶えることとなくなっていく。

先に触れたが、それまでは道場に入って来る時に、挨拶もできずに上がり込んでいた子供が、ちゃんと挨拶できるようになっていく。言葉で説明しなくても、全体の稽古風景を側で見ながら、一緒に稽古しながら覚えていくものである。

自分は子供の頃、相当な悪ガキだった。でも、父親の存在は怖かった。雲の上の存在と言えた。友だちや周囲の人間に対して、怪我をさせたり、心を傷つけるような悪さをしようものなら、遠慮なく鉄拳が飛んできた。道徳に反することをすれば自分が痛い思いをするということを、身をもって思い知らされたものである。もし私の父親が「話せばわかる」式の物分かりの良いだけの親だったなら、自分の人生は間違いなく別なものになっていただろう。思うだけでも鳥肌が立つ。

経験や体験で学ぶ

だけれども、自分の悪ガキという習癖は簡単に直ることはなかった。中学では野球部に入って、部活動に集中していたので、表面上は大人しくなったが、先生から注意されたことは耳に入っても、右から左だった。そんな自分を変えてくれたのが高校から始めた柔道だった。

物心ついた幼少時代のこと、両親が農作業の時には田圃から見える我が家の縁側の柱に紐で縛られ寝せられ、その後、周囲を漫画や絵本で囲まれて育ったから、いろんな物語や漫画が自然と脳に刷り込まれた私にとって、主人公の「イガグリ君」や「暗闇五段」、さらには「姿三四郎」などは、まさにヒーローだった。

しかし私のいた田舎の空間では、高校になるまでは柔道などに接触する機会はなかったし、父親が戦争から帰ってきて生まれたいわゆる〝ベビーブーマー〟で、当時としては高齢出産だったから、母乳よりミルクで育ったためか、子供の頃から体が大きかった。

その上に、農作業の手伝いをさせられて、体力は人一倍あり喧嘩をしてもほとんど負けたことはなかったので、そんなことを習おうという気にもならなかった。

その勢いを警戒した中学の番長に、小学六年生の時に滅茶苦茶痛めつけられたほどでひと悶着あったが、それもめったにないことだったので「それを契機に武道へ」という気にもならなかった。

それよりも「これ以上悪いことばかりするなら感化院へ送るぞ」とまで言われたほうが気になり、中学生になってからは前述したように「猫を被って」大人しくしていたし、その上、野球部に入って本格的に運動に取り組むようになり、自然と危ない方面から遠ざかったのは幸いだった。

しかしその表面上の大人しい振りが行き過ぎて、逆に急に周りを気にするようになったためだろう、野球で練習ではほとんど場外ホームランなのに、いざ試合となるとガチガチになって全然打てない。

それまで散々悪ガキに手を焼いてきた父親は中学では、大人しくなったので少しは安心したろうが、逆に大人しくなり過ぎたと思ったのだろう、高校に進むと、「柔道をやれ！」と言われて、初めて生涯の道となる武道（柔道）に触れたのだ。

始めたなら性に合っていたのだろう。柔道漫画や小説の影響もあり、更には時あたかも東京オリンピックに柔道が採用されるというので世は挙げて柔道ブームで、テレビでは続々と柔道のドラマが放映されていたから、一も二もなく没頭していった。その点、昨今の「オリンピックを東京に！」というキャンペーンは、いわゆる〝デジャブ〟を見てる気がして、約五十年前がよみがえり、気持ちも若くなる。

しかし、小説や漫画では主人公は簡単に人を投げ飛ばせるのに、現実の自分はなかなか思うように技が掛からない。それまでは悪ガキ時代の遺産で、年齢が一つ二つ上くらいの先輩でも大概の相手には大きな顔をしていられたのが、こと柔道部ではそうはいかなかった。自分より体力も体格も劣っているはずの人間に敵わない。

「おかしいな～こんなはずではないのに」と思っても、技を掛ければ返されるし、相手には投げられるし、抑え込まれる。そしてそんな先輩たちも休み時間に打ち込みをしているのを見たり、居残りで技に磨きを掛けているのを見るにつけ、「そうか、ここではハッタリは通用しないんだ。まず、俺は弱いんだと自覚して一歩一歩ずつ積み重ねていかないと何も始まらないんだな」というように、他のことならいくらでも我を通してきた私だったが、「強くなりたい」という強い欲求の前には自然と謙虚にならざるを得なかった。

私は親が自分の子供に体罰を与えることは積極的には勧めないが、言って聞かせても分からない時、このまま見逃せばそれで良いと勘違いしてしまい、子供の今後に良くないと確信したような場合には、「しょうがない」と思う時もある。子供が大ケガをするような体罰は厳禁だが、ゴツンと鉄拳で頭を一発殴る程度だったり、頬を軽くひっぱたく程度ならば許容範囲だと思う。

ただし、体罰をするにはまず相手とも信頼関係がなければならないし、それがあったとしても、加減というものがあるので、それを指導者や親が知らないと大ケガをさせてしまうことにもなりかねない。そういう意味では武道の経験者は、その程度をわきまえている、と思うから言うのだが……。

かと言って、私は見た目ほど内面は強面でもないので、自分でも叩かれて嫌な思いをした経験があるし、自分の子供ほどには愛情を感じられない弟子を殴ったことはほとんどない。一度だけ、審査会の時に、実力はあるのに最後の詰めが甘くて何度も再審査を受けていた弟子がいて、「今ここでこいつにカツを入れないと、こいつはこのまま駄目になってしまう」と、鬼の形相で竹刀を振るったことがあるが、家内は「私はなんて人と一緒になったんだろう！」と思ったそうだ。その弟子とは今でも「あの時は本当に先生のお陰で頑張れました」などと笑い話をするが、そういう場合も確かにあるのである。

２０１２年に大阪で体罰のために自殺した高校生の事件で、マスコミを始め、ほとんどの人が、「体罰は一切してはならない」と声高に叫んでいる。そして日本という同調圧力の強い社会では、みんなが一斉に、「そうだ」、「そうだ」となるから一緒になって「絶対！　反対」と言ったほうが自分を安全地帯におけるので、「絶対！　正解」だ。

そんな時に敢えて意気がって（？）「体罰も時と場合によってはしょうがないこともある」などと言ったなら袋叩きに遭うだろう。

確かに、運動部での体罰は指導者の人格や指導能力や、指導を受ける生徒の人格や身体能力などが千差万別で一概に言えないし、師弟関係と言っても、昔のように「門を叩く」ことで一生が決まってしまうような「暗黙の契約関係」でもない以上、「一個の人格を持った他人同士だ」というような、冷静な見方をすれば、基本的に禁止でも「しょうがない」のかもしれない。

だが、もしこれを教育一般の話として考えた場合は、チョット違うんじゃないか？

例えば、自分の子供が悪い仲間や先輩のお陰で間違った方向に進もうとし、いくら話して聞かせても分からない場合、あなたはどうするだろうか？

「話して分からせようと思ったが駄目だった。体罰は絶対に駄目だから、これ以上は自分で気づくまでは放っておくしかない」と諦めるのか？　私にはそんなことはできない。仮にも我が子である。みすみす断崖から落ちようという時に、「強く腕を引っ張ったなら肩が外れるかもしれないから、自分で助かるのをそおっと見守るしかない」などとバカなことを言っていられるのか？

こんなことを言うと、「親子でも、基本的には人権を持った者同士（の他人）だから、体罰は絶対に駄目だ」と言うのが、今流行りのカッコいいリベラルな人達だろう。

こんな自分の子供も客観視できるような、頭でっかちで知的な人間が増えている。世の中のみんなが本能的に持っている愛情を忘れ、理性的であることが至上の価値と考えるような人間が増え、他人どころか身内に対してすらどこかよそよそしく、他人行儀にバラバラになって、一旦揉め事でも起きたなら、自分の責任は顧みないで、他人を攻撃する人間だけが増えたのじゃないか？

自分は小学生の時に、小刀を手にして山の中に入り、よく竹や木の枝を切って遊び道具を作った。その際に、必ずと言っていいほど、指先を切ったりして、痛い思いをしたものだ。でも、そういった体験、経験があったからこそ、小刀は危ないものだ、しかも人に向けるなんて、とんでもないことだということを学んだものである。

ところが、日本では数十年前から「刃物は危ない」ということで、家庭でも学校でも鉛筆削りさえも、させなくなった。これでは「羹《あつもの》に懲りて膾《なます》を吹く」で、子供のためにならないと私は思う。

これと同じで、判断力もない子供に物分かり良く、「何でも話せば分かる」とばかりに優しい大人を演じていては、中学時代に習った「鞭を惜しんで子供を駄目にする(Spare the rod and spoil the child)」という英国の諺通りに子供を駄目にしてしまう。

そして高校生くらいになれば、親と体力的に互角、もしくは親を上回る子供も多くなる。そうして、体格的に立派になった時に、「ものの道理」を言い聞かせようと思っても、小中学生時代と比べたなら、何でも親の言うことを聞いて行動していた年頃とは違う。自我が芽生え、自分なりの考えが生まれているから、説得力が違う。ましてや、既に「物分かりのいい優しい親」であれば尚のこと、自分の考えと違う親の言うことなどは聞く耳を持たなくなっているだろう。それどころか子供は、「それまでは何でも聞いてくれたのに……！」とばかりにそのギャップに反発して荒れるということにもなりかねない。

そのためにも、小学生、中学生の段階で「本気を出したなら、子供は大人に勝てない」、「上には上がいる」ということを教える。それが、年長者を敬うのはもちろんのこと、子供たちの間でも弱い者イジメをしない人間に育てることに繋がるのだ。それが大道塾の指導理念でもある。

亡き息子もイジメを経験

2000年（平成12年）8月24日、私は最愛の息子・正哲《まさあき》を失った。原因は、大学のサークル仲間十三人で神奈川県藤沢市の鵠沼《くげぬま》海岸・海浜公園に飲み会に行き、そこで起こった自分にはとても信じられない出来事であり、事件だった。

警察から連絡が入り、神奈川県藤沢警察署に行き、「息子さんは亡くなられました」と言われた時には、「何言ってんだ、こいつは！」と全く予想もしていない話に、想像力が働かなかった。泣き叫ぶ女房を抱きかかえながら死体安置所に連れられて行き、棺桶に入っているあいつの姿を見た時、二日前とのあまりの違いに、自分には現実の出来事とは思えなかった。

あとで警察の調べで分かったのだが、深夜1時頃から飲み始めた仲間たちの前に、深夜2時過ぎ、「飲ませてくれ」と絡んできた地元のチンピラ風の二人組から仲間を遠ざけるために、一人で相手をしてウィスキーを飲み過ぎ、泥酔してしまったという。

やっと二人組を帰したあと、仲間たちのほうに戻り、そのまま海風の強く吹くコンクリートのテラスの上に寝てしまったらしい。その内、九人の仲間は5時頃起きて、車に分乗して東京に帰り、正哲を含め残った四人は固まって寝ていたという。そのあと8時前には、何と！　正哲一人を残してその三人とも公園を去ってしまったという!!

異変に気づいたのは、朝の9時過ぎにサーフィンに来ていた全くの他人の女子大生で、救急車が到着した時は、すでに呼吸・脈拍ともになかったということだった。

最愛の息子、正哲の死！　という信じられない出来事の詳細を知りたくて、死後数日間、何人もの仲間に電話して聞いたところ、残った三人の内の一人がその場を離れる時に、先に帰っていた仲間の一人に電話をし、信じられないような会話がされていたことを知った。

しかし、そのことを再度確かめようと藤沢署に彼等のグループを集めて聞いた時には、もう「あれは勘違いだった」という口裏合わせをしたとしか思えないような返事しか聞けなかった。（その時の当人たちには真実は分かっているはずだ）一時は裁判までも考えたが、死んだ者が返って来る訳じゃないし、仮にも息子が一時にせよ仲間だと言って付き合った、これからの若者に何も背負わせたくない、と思い止まった。

しかし彼らには、彼らの生き方を見ている人間がいることを忘れないでほしいし、自分が子供を持った時に、それを失うということの恐ろしさは想像してほしい。

二日経ち、三日経ち、本当にあいつは死んだんだなと諦めると同時に、自分の生きる意味を見失ってしまった。さらに、この事件での仲間という連中の「俺は関係ね〜よ」という反応を見て、本当に日本は病んでいるなと思ったことも、絶望を一層深くした。

現代の青少年（だけじゃないか……）の「人情、愛情の喪失」という病理を見て、道場訓に「人と結びて友情を体し」という文言も加えた。短い生涯を『オーイ　まさぁーき！』という薄い本にまとめて訴えたのだが、心の整理のつかないままに書いた原稿で、アピール力が弱かったようで、大して大きな問題提起にはならなかった。でも、今執筆しているこの本では、大道塾の理念の一つである、青少年の教育ということに関しても、強く訴えたいと思っている。

その前に、武道家を父に持ち、将来に夢を持ちながら弱冠二十歳でこの世を去った息子のことを振り返ってみたい。

１９８０年（昭和55年）12月30日に、長男の正哲はこの世に生を受けた。仙台市で正哲が生まれた翌年の2月27日に大道塾は発足している。

つまり、正哲と大道塾は同級生である。四歳まで当時、総本部があった仙台市で正哲は過ごした。比較的大きな子であったが、小児ぜんそくを患い、体質改善のために病院に一年間通院したことがあった。これは、仙台の道場の前にあった家の解体工事を面白がって見ていて、吸った埃が原因だった。生後十カ月の時に消化不良で二週間入院したこともあった。三歳の時には、額を三針縫うケガをしたこともあった。そんな息子だが、すくすくと育ってくれた。

親に似たのか、負けず嫌いの性格で、幼稚園に入園すると、「押忍！　名前は東カラテです」などと言って、先生たちを驚かせたばかりでなく、番長格になっていった。こんなところも自分に似たのかと思うと、強いと勘違いして乱暴な子供になってはいけないと感じ、この時期に空手を教えるべきではないと思ったものだ。

１９８６年（昭和61年）10月、大道塾総本部が東京都練馬区に移転するのに伴い、我が家も東京へ引っ越すこととなった。近所の幼稚園に通うことになった正哲だが、仙台の時のようにはいかなかったようで、言葉のアクセントの違いから、幼稚園でからかわれ、イジメられていたようだ。そして登園拒否になってしまった。

私はこの時はすぐに空手を習わせた。イジメに屈しないために、無理やり習わせたのだが、どうやら正哲は真剣に空手が好きだったようだ。次第にのめり込んでいき、やがて正哲をイジメていた子たちが入門してきても負けることはなかった。

とはいえ、今の順調に進んでいる大道塾、空道を見ると想像もできないが、この頃はまさに〝疾風怒濤〟の時代だった。設立当初ということもあったろうが、それ以上に、ほぼ同じ時期から始まった格闘技と格闘技雑誌ブームの煽りと、一方その逆の、ある意味それまでの空手の概念（一撃必殺）を根底からひっくり返すような、「投げあり、絞めあり」という、全く新しい武道を提唱し始めたことへの斯界の反発や、妬み、否定といった、諸々の感情が噴き出たような逆風の中を、青息吐息で歩んでいたころだった。

「我が子にこんな苦労はさせたくない」と、武道家への道を勧めようとは思ってもい

クリされたらしい。

なかったし、ましてや、いずれ跡を継がせようなどとは考えてもいなかった。
ある時、弟子の一人に、「お父さんに練習しろと言われるだろう？」と聞かれ、「ううん、お父さんは他の仕事に就くために勉強しろ！　としか言わないよ」と答えてビックリされたらしい。

子供のうちは、本人が好きなことをやらせようと、ただそれだけだった。イジメがきっかけとはいえ、空手を勧めて良かったとあとになって思ったことだ。ただ、当時の息子に対しては、幼稚園児という年頃ではあったが、父親として、武道家として、少しでも背中を見せてあげることができたのではないかと思っている。それが後の「俺は武道家になる！」宣言に繋がったのかもしれない。

何がきっかけで武道の良さに本人が気づくかどうかは分からない。でも、うちの息子のように環境が変わって、ひどいとは言えないまでも、イジメにあったことで始めるケースもある。でも、イジメなどという言葉は本来あってはならないことであり、イジメにあう前に、武道を始めることをお勧めしたい。

１９８７年（昭和62年）、北町小学校入学。翌年、光が丘第２小学校に編入。
我が息子の場合、空手を始めてからは、体が丈夫になり、健康に育ってくれたことも嬉しかった。小学生になりスイミング教室に通わせたことで、小児ぜんそくも回復していった。

ところが、四年生の時、身体測定で中度肥満と診断された。この時に、肥満の子供たちを受け入れる施設に転入することも薦められたが、親としてそこまでは受け入れることができなかった。

確かに立派な施設なのかもしれないが、小学四年生で多少の肥満があったところで、普通の子供たちと同じ生活を送らせても良いと思ったからだ。

もう一つ、小学生の正哲には、私はとにかく本を読むことを勧めた。言葉の意味を知り、日本語を正しく話せる人間に育ってほしいと思っていたからだ。更には、前述の通り、自分も子供の頃から漫画に始まって読書が大好きで、一時は小説家や思想家などにも憧れたほどだったが、高校を卒業してからは生活に追われて読みたい本の百分の一も読めない生活をし、世の中の浮世離れした評論家や思想家などの言う絵空事に、実人生を送っている者として反論したくても、膨大な量の読書の蓄積がなければ「言葉の数で負けてしまう」と痛感していたからだ。

そんな息子は小学生の時にすでに、「早稲田大学に進学したい」という希望を持っており、中学も早稲田系列の学校を受験したいと言い出した。残念ながら、第一志望の早稲田実業は不合格だったが、１９９３年(平成5年)、立教中学に入学した。そしてサッカー部に入部。余談だが、本当は身長を伸ばしたいから、バレーボール部に入りたかったようだが、断られたということだ。

息子の場合、のめり込むタイプだったようで、サッカー部に入部すると、太っていることで足が遅いと思い込み、ランニングを欠かさず行なうようになっていった。そんな姿を見ていたら、高校を卒業し、新聞配達をしながら柔道で培った体力を維持したいために、走ることだけでも続けた当時の自分を思い出したものだ。

そのままサッカーにのめり込むのかと思いきや、この学校は都会っぽいというかオシャレな学校として有名で、学年が進むにつれ「田舎っぺ大将」の大ちゃんが好きだったあの正哲がやたらとオシャレに凝りだし、しまいには髪を緑に染めるような子までが友達として登場するようになった！

そんなこともあり、「男は黙ってサッポロビール」ではないが、「質実剛健が、イザとなったなら戦わなくてはならない男の生きる道だ」と思っている私としては見逃せなくなってきて、「まだ早稲田にはそういう気風も幾分残っているから、早稲田に行け！」と勧めた。初めは「今更、受験勉強なんてしたくない」と言っていたが、何度か話すうちに次第に子供の頃の漠然とした夢を思い出したものか、高校受験を決意した。

ところがそう決意したのが、立教高校へのエスカレーター進学を選択をするかどうか？という11月過ぎだったから、泥縄受験したものの、見事に失敗。中学卒業後、一年間浪人生活を経験している。早稲田に進学するという強い意思を持っている一方で、のめり込む性格だから「失敗したら、死んでやる！」というような浅はかな言葉を口にするようになっていたから、「このバカ！　そんな事で死んでたなら、人生命がいくつあっても足りないぞ！」と怒りつけたものだった。

正哲は１９９７年（平成９年）４月、早稲田実業高校に入学すると柔道部に入った。高校の柔道部では、子供の頃からの運動経験が活きたものか、翌年には副主将を務めたが、７月の合宿で腰を痛めてしまう。その後も両足が腫れ上がり歩行困難になるなど体調を崩し、これはという戦績は残せなかったが、無事三年生に進級でき、体調も回復し、早稲田大学政治経済学部への推薦入学が決まった。

私は実家が経済的に最も厳しい時代に育ったから、自衛隊に入隊してから、大学受験をしたので、二十二歳で大学生となった。正哲は中学浪人が一年あったとはいえ、すんなり推薦で大学に入学した。

自分の人生はずいぶん回り道をして損したような気もするが、どんなケースであれ、我が子が親を追い越す時ほど、嬉しいことはない。身長で追い抜かれた、自分の学生時代よりも足が速い、様々なシーンで、「子供に先を越された」「子供が自分を追い抜いた」と思った時、嬉しくない親があるだろうか？

極端な話だが、親子の情愛を最も端的に切り取った映画として私は度々人に言うのだが、高倉健主演の『鉄道員（ぽっぽや）』がある。妻も一人娘もなくして、北海道の支線の一人駅長をしている男の元に、一人の可愛らしい少女が現れる。次に中学生の、そして高校生の娘が……先立った娘が他人の振りをして会いに来たのだった。しかしある時から急に顔を出さなくなって、暫くして会った時に、自分の娘だと気付く！

「どうしてたんだ？」

「お父さんが怖がるかもと思って」

「バカ！　例え幽霊だとしても子供を怖がる親がどこにいる!!」

２０１３年３月、北海道を襲った暴風雪で道に迷い、子供をかばって凍死した父親もそうだが、それが親子の自然の情愛というものだろう。翻って、今の親殺し、子殺しなどという信じられない事件を見聞きすると、今の経済第一の世の中は、こんな自然の情愛を阻むような、どこかがオカシイ仕組みになっているんだと思う。

高校受験のために、一年浪人していた息子が「今度失敗したら、自殺する」みたいな発言をしているのを聞いて、ただ頭ごなしに叱り飛ばすのではなく、長い人生の一年や二年なんて大したことではないと、励ましたものである。

子供が不安な時、迷っている時に説教をするのではなく、励ましたり、元気づけるという教育も私は大切だと思っている。我田引水を承知で言うのだが、そういう意味でも人間の本能を刺激しコントロールする術《すべ》を教える武道の役割は大きいと思う。

２０００年（平成12年）４月、正哲は念願の早稲田大学政治経済学部に入学。４月３日にはサークル「〇〇〇スマッシュ」の新入生歓迎コンパに参加し、小学生からの夢だった早稲田の杜でのキャンパス生活が始まった。

学生生活を楽しみながら、大道塾で武道の練習をしながら、大会の運営や道場の仕事を手伝ってくれ、正哲は毎日が楽しくて仕方ない、という姿を私や妻の恵子、妹の由美子に見せてくれていた。

練馬の本部道場時代の写真。亡き息子・正哲には、私が持っている全部を教えるつもりだった。

　しかし、若者の常で、サークル仲間との付き合いがよほど楽しかったのだろう、髪は染め、着るものが派手になり、練習をさぼり夜は飲み会に毎日のように出かけるはと、生活スタイルが変わってきたのだった。

　父親として、武道の指導者として学生生活をどう過ごすのか、じっくり話し合おうとは思っていたが、「流行り病のようなもので、ひと通り経験すると元の正哲に戻るだろう」と、あまり気にしていなかった。

　そんな矢先、「お父さん、ちょっと付き合って」と息子から声を掛けてきたのだった。近くのスナックで一杯やりながら、何を話し出すのか待っていた。

「お父さん、俺、今まで結構頑張ってきたでしょう」とちょっと照れたように言うので、色々話したいことはあったが、

「そうだな、頑張ったよな」と返事していた。すると、

「だから、俺、今年はメチャクチャ馬鹿をやってみたいんだ」と真顔で言う。

この時、何を言ってる、真面目に生きなきゃ駄目だろう。馬鹿をやるなんて……と突っ込んで話していれば良かったのかもしれないと、今になってみると思うが、常々、変に小さくまとまった優等生タイプの若者や、全く将来のことを考えていない甘えた若者を身近に見ていて、そんな人間にはなってほしくないので、

「それも良いだろう。馬鹿になれるのも、男の器量の一つには違いないし、若い時の訓練科目だからな。しかし、大学の四年間、あれこれ手を出し、結局何の知識も身に付けずに卒業して、一生を中途半端で終わってしまう人生もあるんだから、なんか一つの道を見つける！　という、その辺のところは良く見極めるんだぞ」と釘を刺した。

そして、次のように言った。

「酒が強いのを自慢しているようだが、確かにそれも『男の引き出し』の一つではあ

るが、自ら自慢することじゃないぞ。そんな奴に限って最初に潰されるんだ」と。まさか、それが現実になるとは！

この年、大道塾では、一旦は暗礁に乗り上げていた総本部の新設が達成され、設立二十年目にしてようやく穏やかな日々が訪れた。そんな中でも決して浮かれているつもりはなかった。

「好事魔多し、と言うからな。こんな時こそ、調子に乗らないよう、みんなで注意しないといけないないな」

と家族でよく話し合っていた。そしてこの時、心配の種だった『正哲のはしか』もやっと治って、正気に戻ってくれていた。10月の交流試合に出たいと言って、練習にも真面目に取り組み、練習すれば、自然に節制せざるを得ない。やはり道場を続けてきて、良かったと強く思わせてくれた。

盆休みも終わった8月22日、私は大道塾の西日本合宿を終えたばかりで疲れていたので、練習後、普段より早く午後11時前には床についた。その夜、12時頃に騒がしい音に目が覚めてしまった。正哲が家に帰ってきて賑やかに声を出していたのだった。

「じゃ、軽く一杯やるか」と言うことになって、1時から4時までビールを飲みながら息子と話し合ったのだが、この夜が親と子の最後の会話になってしまうとは。

次から次と親子の話は弾み、進んでいった。彼女のこと、酒の飲み方、健康・栄養談義、将来の考え、人生、政治、経済、そして空手の話……。

「俺はこう思うんだけど、父さんはどう思う」

「なるほどね、それが親父の考えか」

「それは違うんじゃない。親父は古いよ」

と、生意気に精一杯背伸びして、何とか親父をやり込めようとする。そんな息子の顔、姿を見ていると、

「もうちょっとで、こいつも良い話相手になるなぁ。ますます旨い酒が飲めそうだ」

と23日の早朝になっていたが、しみじみと思わせるものがあった。柄にもないことで、言葉にすることも何だが、本当に『至福の時間』だった。

だが、正哲はその日、サークル仲間と鵠沼海岸に行き、前述したように帰らぬ人となり、私のもとに、母・恵子のもとに、妹・由美子のもとに帰って来ることはなかったのだった。

この『事故』、と言うより、『事件』から受けた私たち家族の心の傷が、癒されるこ

とはないだろう。だが、前を向いて生きていかなくてはならない。あれから十三年が過ぎ、逆にまた正哲が『大道塾・空道』を見守ってくれていると思うと、少しは気持ちも軽くなる。

国体に参加したい！

大道塾は仙台市が発祥の地で、自分たちの活動とともに、地元の人に役員になって協力してもらうことで、足場を固めてきた。そのようにして、他府県の市にも協力してもらうようになっていった。やがて、県レベルの展開となり、東北から飛び出て福岡県、愛知県、大阪府、東京都と拡大していくことができた。どこか一県、一カ所でも認められれば、という思いを抱き続けてきた。

社会体育という言葉を使い続けてきたのも、そのためで、オリンピックは大道塾設立当初からの夢であるが、いきなりオリンピックを目指す訳ではなく、まずは国体を目指そうという発想からだった。柔道をやっていた高校時代に国体の補欠選手になっていたことも、国体を目指す一因だったように思う。

競技の普及というのは素晴らしいことであるが、極真を始めとする、数多くあるフルコンタクト空手の全日本大会や世界大会で王者になったとしても、一般新聞で取り上げられることはない。

ところが、国体であれば（各種スポーツが増えた今は）写真が大きく掲載されることは難しいかもしれないが、一般新聞には取り上げられる。私が唱え続けている社会体育というのは、そういうことも含んでいる。設立当初から体協（公益財団法人日本体育協会）に加盟するには、どうすればいいのかを模索していた。

大道塾の大会は地元の協力を得ることで、県大会を開催し、地方大会、そして全日本大会という図式にしていこうということにした。県やブロックごとの代表者が集ってこそ、初めて全日本大会と言えるからだ。ただし、大会名を北斗旗《ほくとき》としたのは、金《きん》鷲《しゅう》旗《き》全国高等学校柔道大会からヒントを得ている。

金鷲旗というのは、現在も九州・福岡で開催されている大会だが、完全オープン参加となっている。このオープン化をすることで、流派の異なる選手たちにも出場してもらえるようにと考えた。お陰さまで、北斗旗の大会には様々な流派の選手が出場していただけるようになった。

また、選手のレベル向上を求める希望と、しかし社会体育の則を超えない形でのワンマッチ形式での試合ということで「ＴＨＥ　ＷＡＲＳ」という大会も何度か行なった。

三十数年に及ぶそんな様々な試行錯誤を経て、遂に、ワールドゲームズの話が持ち上がり、ＪＷＧＡ（日本ワールドゲームズ協会）に認可を受けることとなった。ＪＷＧＡのホームページを見ていただければ分かるように、ＪＫＦ（公益財団法人全日本空手道連盟）の下に、我々の一般社団法人全日本空道連盟の記載がされている。ＪＷＧＡの認可を受けたということは、大道塾設立から三十一年、空道という名称を付けてから十年、ようやく社会に認知された思いである。

今は夢のような話になってしまうが、オリンピック競技に昇格する可能性もある、「ワールド・ゲームズ」への出場が認められるには、４大陸、40カ国で実績があり、10カ国のＩＯＣで認められていることが必要という条件がある。

ただ、加盟希望種目が多くなっているからだろう、加盟条件にＷＡＤＡ（世界アンチ・ドーピング委員会）規定に準拠した規約の承認も必要になってきている。これは大変な作業で本部道場を手伝うことになった娘が悪戦苦闘しながら形作っている。オリンピックも、ワールドゲームズも、それらに参加する世界規模の全スポーツ団体を統合しているスポーツアコードも、この委員会に加盟申請し、認められていないと、その競技は参加を認められないという厳しいハードルが課せられているからだ。

世界アンチ・ドーピング機構に規約・規則を英文でまとめた元本があり、それを参考に、各加盟申請者は英文で、それぞれの競技に合わせて条文を作らなくてはいけない。ところが、原文シートが専門用語のオンパレードで、翻訳が半端でなく難しい。

国際空道連盟の加盟申請のため、弁護士とプロの翻訳家を頼んで条文作りに取り組んだけれども、最初に頼んだ弁護士は、「簡単ですよ」と気楽に引き受けてくれたのだが、専門的すぎて、この道に詳しいという弁護士に再依頼し、条文作りして何とか目鼻がついてきた。

そして、苦労して入った商工会議所勤めを経てから、海外航空会社のカウンターで働いていた娘・由美子に手伝ってくれと言い、大道塾のスタッフとして参画してもらうようになった。娘も四苦八苦している。ただ、海外支部との英語での連絡やメールの交換など、と助かっていて、娘もだんだん楽しくなっているのが分かる。

議員会館で空道を披露

先にも触れたが、我々、一般社団法人全日本空道連盟は２０１２年（平成24年）５月８日付でＪＷＧＡ（特定非営利活動法人日本ワールドゲームズ協会）に入会を承認された。

今回、承認に至った経緯を説明しておくと、２０１０年（平成22年）５月にコロンビア支部から、「WG2013Cali（第９回ワールドゲームズカリ大会）での公開競技参加の提案がありました」という仰天メールが始まりだった。

将来的には当然「空道もいずれはワールドゲームズやオリンピックに参加したい」という希望は持っていたが、簡単に実現できるものではないことは、猪突猛進な（笑）私でも分かっていたし、もし、実現するにしても、十年二十年のスパンで考えていたので、こんなに早く話が持ち上がるとは想像もしていなかった。

それよりも、この時、真っ先に浮かんだのが十数年前の事件だった。

ＩＯＣ（国際オリンピック委員会）の役員がオリンピック参加を狙っていたある武道団体に「オリンピックに推薦するから」と言って日本に招待させ、日本側に散々散財させて、結局実現しなかった。そのためにスポンサーだった会社が傾いたとまで言われた事件だった。

この種の事件、騒動がその後の「ＩＯＣ貴族」という言葉や、ＩＯＣ役員への過剰接待が問題視されるようになった契機だった。だから私は、初めにコロンビア文部長に「ウチは有名な金欠団体だから、それを期待されても困ると言っておけよ」と冗談半分、本気半分で言ったものだった。

その後、国際ワールドゲームズ協会会長のロナルド・フローリッヒ氏やＣＥＯのヨーチン・ゴッソー氏のツートップが、「空道の視察の為だけ」に来日するという大騒動に発展した。

そして、２０１２年の4月19日に、東京・永田町の衆議院第二議員会館柔道場において、国際空道連盟主催による空道デモンストレーションマッチを開催した。もちろん、議員会館の柔道場で空道が試合をするのは初めてのことであり、同柔道場を訪れるのも初めてのことだった。このデモンストレーションマッチから三週間弱で、ＪＷＧＡへの入会が認められるという異例の速さには正直驚かされた。

だが、２０１３年のワールドゲームズカリ大会では公開競技での参加とはならず、

まさか、弟子たちは衆議院議員会館の柔道場に足を踏み入れるなど、思ってもいなかったことだろう。それは2012年４月、この議員会館で空道デモンストレーションマッチを行なったのだ。日本からは鳩山邦夫衆議院議員、小野寺五典衆議員議員も参列いただいた。左はIWGAのヨーチン・ゴッソーCEO。

同大会では空道はデモンストレーションを行なうことになった。関係者の話によれば、ＩＷＧＡ（国際ワールドゲームズ協会）への参加希望競技が急増し、これまで以上にハードルが高くなってきているのは事実のようだ。

そうは言っても、スポーツ行政や事情に詳しい業界関係者のどの人も、初めは「あの超多忙な会長やＣＥＯが二人揃って、しかもまだＩＯＣ、ＪＡＳＡ（日本体育協会）、ＪＷＧＡといった、いわば社会的認知を受けたスポーツ協会（団体連合体）のどこにも加盟もしていない空道という競技のためだけに来るなんて信じられない」、「まさか？」果ては「嘘でしょう？」とまで言われた〝事件〟だった。

結果として、公開競技の一歩手前のエキシビションスポーツとして、ワールドゲームズ２０１３期間中に競技が行なわれる他の武道、格闘競技と同じ会場でデモンストレーションの機会を得ることになった。

公開競技にならなかった理由は明快で、会長自身が「ワールドゲームズに参加するにはＩＷＧＡの会員になっていることだけでなく、いくつかの条件が必要になってくる」という指摘で、空道はその一つにも加盟していなければ、条件も満たしていない。

一方、「たとえ公開競技としてでも、それらの条件を全て満たして審査されることを待っている競技団体は約30以上もある」という。なので、視察に来たということだけでも、空道の価値が生み出した〝事件〟なのだ。

公開競技としての選定に大きな発言力を持つ、開催地であるコロンビアのカリ市が「絶対に実現できる」とヒートアップしていたこともあり、私自身、ツートップが来日するとなった時にはかなり奇跡を期待してしまったが、これまでの事情を知らない多くの人たちは初めから公開競技を期待してガッカリしているかもしれない。

だが、私自身は負け惜しみではなく十分に大きな前進だと思っている。理由は、会長の言葉で、「この空道という新しい競技は、改良する点はあるが、素晴らしいスポーツだ」という言葉をいただいたからだ。

オリンピックに次ぐ世界で二番目のスポーツ競技連盟の会長が、空道という競技の存在を認め、空道という言葉で評価をしていただいたことによって、空道という競技名が、正真正銘『公的な名称』としての市民権を得たのだ。

世界に繋がる〝公海〟に乗り出した！

後援者の方々や支部長や塾生といった関係者も同意見だと思うが、空道を生み出した、大道塾の誕生から通算三十二年の時を経た「空道の価値」については、みんな確信を持っている。あとは〝場〟を得ることだけが課題だった。

出るところに出れば空道は必ず光り、見た人たちに共感を与えられる。ところが新しい物や者が、〝場〟を得るということは、特に新規参入を好まない日本では大変なことである。

気づいている人もいると思うが、私の手応えが独り善がりの負け惜しみでないことの証明が、今回の『ＪＷＧＡ入会承諾書』である。正直、私は『ＷＧ２０１３Ｃａｌｉ』に出場することよりも、こっちのほうが難しいと思っていた。公開競技から正式競技というのが一般的な順番だと思うが、そうでない競技も多くあり、基本的には開催地に与える特権であくまでも一過性のものなのだ。

そういう意味でこれまでの空道の歴史を船に例えるならば、三十二年前に『大道塾』という船が設計建造され、海図のない世界の海を手探りで航海し、独自の海路を開拓し、

2011 年のインド遠征にて。IWGA に正式加盟となれば、世界各国の支部がより活発になるだろう。

十二年前からは更に世界に先駆けて、空道という最新鋭の船体に改造したことで一層、確実にスピードアップした航海が可能になり、乗船者も増え、遂に今「社会的認知」という海図をも手にし、堂々と世界に繋がる〝公海〟に乗り出したのである。

私の感覚、アンテナはちょっと変わっているのかもしれないが、だからこそ六十三歳を過ぎた今でも毎日、新しい仕事に向き合うのが、苦にならない。今の状況を考えた時、「これからますます面白くなるぞ!!」という気になるのはやはりオカシイのだろうか（笑）。

ＪＷＧＡに入会したことで、将来的にＩＷＧＡに正式加盟の道が繋がった。そうなったら、ワールドゲームズという、より多くの人たちに見てもらえる〝場〟を得ることができる。

選手の知名度を高めることがその選手の自信にも繋がるし、こういう権威ある大会への参加は、競技そのものだけでなく、選手の社会的評価にも繋がる。学生なら就職、社会人なら会社での評価にも間違いなく繋がるはずだ。ワールドゲームズ参加は将来的には、オリンピックへの道の端緒が開かれたのだ。そういうことも踏まえ、これからの空道競技者には希望を持ってもらいたい。

正直、我々が武道・格闘技に向かった三十〜四十年前は、体が大きくて相撲やプロレスが好きな人間は別として、一般的に言って武道・格闘技をすることと、自分の将来を結びつける人間というのは、そう多くなかったはずだ。今では時代錯誤かもしれないが、ただ「強くなる！」という「男なら当然抱くはずの本能」と、『空手バカ一代』という歴史的漫画が生んだ〝強者志願バブル〟によって、それこそ「猫も杓子も」道着に身を包んだものだった。

私は子供の頃からの実戦経験があったので、強者第一の危険思想はそれほど強くなかったが、「海外留学」という、貧乏人には分をわきまえない妄想の故に、武道の道にのめり込んでしまった。

今は時代が違うのかもしれない。特に平和が続き、闘争というものが別世界の出来事になった日本では、「男だから強くなくてはならない」という、人類が始まって以来の大前提も崩れ去り、草食系男子や肉食系女子という言葉も違和感なく定着したように思える。こんなことが続いていけば日本は滅びるのだろうが……。

そんなこんなで、武道・格闘技に向かわせる最も原始的、自然的な動機・欲求や夢がなくなってしまっては、苦しい思いをしてまでも武道・格闘技に向かう若者が減っていくのは当然だ。

生まれた時からの合理的・功利的風潮の中で育ってきた今の若者は、何かのスポーツを始める場合でも、単純に感動や憧れだけでは選ばない。その先の将来性を『経済的報酬』『社会的評価（将来の職業にできるのか？）』『名誉（知名度）』の三点に照らし合わせて選んでいるケースがほとんどだと思う。

それがプロスポーツの世界ではサッカーやゴルフ、野球といったお金になる競技には若手がドンドン出てきて、そうでない競技にはなかなか若者が集まらないという現象に繫がっているのではないだろうか。

そういう意味では、これまで特定の大きなスポンサーを持たないできた大道塾・空道には当然、『経済的報酬』はないし、テレビ放映もないから『社会的評価』も知る人ぞ知る程度である。

大道塾・空道はこれまで「社会体育」という方針で進んできたので、スポンサー、後援者には非社会（非社交）的、反社会的な人間はいない。

ここにきてＪＷＧＡに承認されたということで『社会的評価』と『名誉』の面でのとっかかりはできたと思っている。あとはこの方向をより力強く、より太く進むことが、若者を含む後進の増加に繫がり、ひいては空道の発展に繫がると信じている。

第2章

大道塾の夢——世界に翔びだそう！

自信を持ってほしい

大道塾では、あくまでも護身という発想で、立ち技七割くらいでなくてはならないと考えている。例えば自分が弱者を抱えて暴力を振るってきた相手と遭遇したなら、試合じゃないんだから必ず戦わなくてはならないものではないし、また戦いが始まったからと言って必ず相手を倒さなければならないというものでもない。護身が目的なのだから、「逃げる」ではなく「一、二発防戦して走り去る」という場合も含めれば、やはり立ち技を磨かなくてはダメだと思っている。

武道に話を戻すと、立ち技の得意な選手というのは寝技を研究してこなかったということが多く、現在は不利な状況にある訳だ。しかし、それを克服して勝とうと、寝技のレベルが高い選手に、寝技で勝つというのは、はっきり言って無理なのだ。だから、基本は立ち技であると考えている。

投げ技についても同じことが言える。投げに強い相手にどう立ち向かうか。投げにきた時に、どういう抵抗力をつけるか、投げに対してどのようなカウンターの打撃を合わせるべきか、こういうことを考える意味で、投げ技の評価ポイントを上げようということになった。

果たしてどれだけの選手がそれだけの気分になっているかなということだ。ここにきて、かなり立ち技を磨こうという雰囲気にはなってきているかなと思う。

２０１２年の春の体力別選手権あたりからの評価ポイントが変更され、段々そういう雰囲気にはなってきている。練習を見ていても熱が入ってきているのが分かる。このまま行ってほしい。

あと、海外での試合や選手を生で見てほしい。２０１３年の無差別大会が終わったらすぐに、スペインと南米、年を越したらアメリカやイタリアなどに行きたいと思っているから、そういう機会に見てほしいと思う。

世界大会という、大道塾生には未経験の試合にどう立ち向かうか。それは「気迫」しかない。「自分が負けたら、日本が負けるんだ」と、それくらいの気持ちじゃないとダメだ。海外の選手は自分の人生を賭けるくらいの気持ちでいるから、日本の選手たちもそこに気づき、早く目覚めてほしい。

やっぱり世界の人間と同じ土俵で闘えるというのは、〝幸せ〟なことだと思う。世界の中で自分がどれくらいの位置にいるのか、これは非常に貴重な経験だと思うから、選手には頑張ってほしい。

一般的に日本人というのは海外の人間に対して、肉体的・精神的に威圧感、プレッシャーを感じたりすることが多い。それが軟弱になったとはいえ、伝統的・環境的にまだまだ有利な武道の世界で、実際に試合をしてみて、「ああ、自分はこれだけできるんだ」という自信に繋がっていく。

これは選手を引退しても本人の財産になるはずだ。自分のことを考えても、今この年になって海外へ行ってもプレッシャーなど感じずにいられるというのは、若い時のそういった経験からだと思う。

2000年、この当時の格闘技の凄まじい人気、認知度は、ご承知の通りで、ゴールデンタイムのテレビ放映など、一昔前では考えられないことだ。プロに関して言えばの話だが。

この風潮に対し、「武道」の観点からは、将来もこのブームは続くのかといった未知的部分、派手過ぎる演出など批判があるのも事実。一方、これによって、空手及び格闘技の名が広まったという事実も見過ごせない。

空道世界選手権大会は 2001 年に第１回大会を開催し、４年ごとに開催してきた。第４回大会は 2014 年に開催。

銀行までが倒産する混迷の時代において、将来の未知的部分があるとはいえ、迫力のあるシーンを見た若者が、「格闘技でメシを食いたい！　プロになりたい！」と思うのも不思議ではない。

若者の純粋な願望で、好きな道を貫き、それで失敗しても本人が選んだ道なのだから、いいじゃないか。いつだって若者は未知なるものに賭けて人生を切り拓いて行くのだから、という声があるのも知っている。

そのプロという職業だが、全くの個人として頂点のみを目指しファイトマネーを稼ぐトーナメントプロと、教えることで月謝という対価を生活の糧とするレッスンプロとがある。

まず後者の「レッスンプロ」について、私としては、三十二年前に踏み出した、まだ海のものとも山のものとも知れない大道塾を、若い時の修行というのならまだしも、指導（レッスン）を生活の手段として、と言うことは一生の仕事とすることに、確信を持てなかった。

さらに、若くて血気にはやっている選手は、強くなることだけで頭が一杯で気づかないことだが、柔道や剣道のような、社会に充分に認められ、学校体育にも入っているような「武道」と、「空手（特にフルコンタクト系）」の『社会的立場』は明確に違うという理由もあった。

背景を詮索されるような団体も多い空手界（これは寸止め系、フルコン系を問わずだが）は、残念ながら社会的信用度が低い。しかもその上に、寸止め系は日本体育協会傘下で「公共の場」で教えることが多いからそれほどでもないが、フルコン系の場合、『任意団体』ということで、人気稼業にならざるを得ず、その時の団体の勢いでの入門者の増減が激しいし、個人的にも職業病とでもいうべきケガが即生活の不安定さにも繋がる。

大道塾設立当初の稽古の様子。宮城県仙台市内で道場を開設した。道場生は次第に増えていった。

無責任に「俺についてこい」と言うのはカッコいいし簡単だ。しかし私は二十五年前に憧れのアメリカで味わった、空虚感というか、挫折感を若者に味わわせたくはなかった。幸いにも私にはそれまでの社会生活で培ってきた〝雑草精神〟があったから良かったが、社会経験の浅い若者に、必ずできるという確信がなければ、「レッスンプロ」として人の人生を左右する言葉など言えるものではない。

こうした思いの中で、極真空手を離れ、１９８１年（昭和56年）２月、仙台市に『大道塾』を創設したのだった。

地元の方の支援、これまで応援して

いただいた方々の協力を得て、道場生が徐々に増えていったが、産みの苦しみがあったのも事実だ。寮生となった道場生に、

「空手一本で青春を過ごすということは、生活面で大変だ。それより職業知識は同年代よりは確実に少なく、初めは給与も安いだろうが、昼間は会社勤務をしながら夜間学ぶというパターンを数年も続ければ、安定した人生を送れる」

と言って、空手と仕事の両立を勧めた。また、多くの父親の方もそれを望んだ。両方が良い影響を及ぼし合って、仕事先の知合いが武道を学んでいるということを聞いて、それでは子供をしつけてほしいと入門させるとか、逆に空手の生徒やその親が道場の話を聞いて、さらに良い関係ができるということがあった。

だから初期の頃の寮生には、家業のあるものは別として、役員の協力を得ながら道場と両立しやすい自営業、特に整骨院や役所で公務員として働くことを強く勧めた。整骨院等に進んだ者の多くは、今では地域に溶け込み〝先生〟として仕事と道場を両立させており、「ああこれで俺のところにきた若者を、少しは骨のある、そして生活力もある人間にして世に送り返すことができたな」と責任を果たしたような安心感を持てたものだった。

だがそれも、その後の異常な格闘技（マスコミ）ブームが起こり、格闘技という好きな道一本でメシが食えるのではという幻想が若い選手に広まった頃からは、「まだ大道塾は経済基盤も、健全な競技としても確立されていないから、あくまでも仕事との両立を……」

という私の言葉も説得力がなくなってしまった。何も他人の人生、そこまで考えなくてもと言う人は多いだろう。しかし、人の話に耳を閉ざし、自分から自縄自縛になり、落伍して行く人間はどうしようもないが、前述した様に、大道塾に集まってきた若者で、素直に一生懸命努力している人間には後悔はさせたくないという、逆に言うと大道塾は誰にも後ろ指を指されない団体なのだという自負心の強い性分の私としては、格闘技ブームの幻想に惑わされる訳にはいかない。

しかし幸いなことに、支部長、責任者たちの協力や、その間の選手たちの頑張り、運営的に苦しくても健全な活動を心掛けてきたことなどにより、大道塾も一般的〝人気〟という意味ではまだ不十分とはいえ、「さて、何か武道をしよう」と思った時に頭に浮かぶ〝良い印象の団体〟の一つといった程度には知名度を高めてきているし、実際、これ専業で運営が成り立っている支部も出てきているので、最近は我々の活動に肯定的になってきている。

「やはり仕事との両立を」という方向も、そのような両立しやすい仕事についた者は別にして、そのほかの分野に進んだ場合、社会的適応力がありそうな人間でも、いざ社会に出ると相当の悪戦苦闘を余儀なくされているのを見る。

「好きこそものの上手なれ」で闘うことに生きがいを見出し、その技術を蓄積している選手にとって、その仕事が最も自分を生かせる得意な分野になるのかな、ということをこれまで度々見てきている。安心はできず、いつまでも心配の種ではあるのだが、不安定でも、それを本人が覚悟するなら良いのかなと思う。

問題は前者の「トーナメントプロ」、つまり闘うことのみで生計を立てるプロである。トーナメントプロという言葉で思い浮かぶのは、先ず大きなものはプロボクシングとプロレスだろう。

プロボクシングとプロレスは、柔道と空手の関係に似ている。

プロボクシングは柔道と同じく早くから体制が統一的に運営され、アマチュア種目としてオリンピック競技にもなり、その〝確立されたルール〟を元に、プロとしてもあからさまな八百長もなく、ボクシングという競技自体が歴史的、体制的に他の追随を許さないレベルにまで達している。

生活人としては柔道の世界チャンピオンが少なくとも日本では大きく将来を約束してくれるのと違い、プロボクシングの世界チャンピオンは四～五回防衛しないとほとんど無理であることは、今では周知の事実だが、引退後もレッスンプロとして生きることもできるし、それ以上に、押しも押されもしない〝成功者〟として誇りを持って存在できるからだ。（中には、自分の実績を、〝恐怖〟を売り物にする裏の世界の価値と勘違いして社会的な事件を起こしてテレビを賑わす困った世界チャンピオンもたまにはいるが……）

確かに若者は、チマチマしたように見がちな「生活」だけが人生じゃないというのも真理の一つだろう。それも程度問題で、いくら〝武道〟的に優れていても、自分の生活や家庭くらいは賄えなくては、ヒモになってしまう。

一方のプロレスは空手と同じく早くに統一的団体を結成できなかったために組織や、ルールが乱立し、ルールによって勝者と敗者が容易に入れ替わる。その上、地域での社会体育育成という方法ではなく、興行で組織運営をしてきたプロレスでは、団体間の激しい競争に勝ち残るためには、自分たちで確立したルールで次第に権威を高め、手っ取り早く、看板選手の牽引力（集客力）で運営をするという個人商店的運営をしてきた。

そのため、その選手が衰えてくると、どうしても〝不信な試合〟が増えざるを得ない。それに対し実力的に優位に立った若手がクーデターを起こすということの繰り返しで、団体の栄枯盛衰、離合集散は度々であり、プロボクシングや柔道に比べて、今一つ権威が蓄積されず、芸能人的人気は現役時代には一時的に持てても、この情報万能の時代には二、三年すればすぐに忘れ去られてしまい、オフィシャルな意味では、成功者とは言いにくいだろう。

空手のプロ部門を作るという件については、さらに、武道として前述したような「不信な試合」は論外としても、柔道にはプロはないという、競技理念の違いからくる次のような別な事情がある。

即ちスポーツ化されたとはいっても、まだ柔道も「道」という概念（と文字）を全く捨てた訳ではない。それぞれの個人が、それぞれの立場や目的で、「人生に立ち向かうという意味での靭《つよ》さ」を目指す武道、もしくはアマチュアスポーツとしての理念を掲げながら、仮に柔道がプロ部門を設立し、プロの育成にも重点を置くことになると、どうしても金銭的報酬が絡む際の人間（社会？）の本能として、「勝つこと、したがって〝金〟を稼ぐこと」を至上目的とするような方向性が強くなってしまうだろう。当然、負ければそれまでの努力も無意味となる。

そして結果として運動神経の善し悪しに関係なく、誰もが参加可能な「生涯スポーツ」として、勝敗のみではなく闘うことの過程にも価値を置き、その努力する心や体力を社会生活に生かそうとする「社会体育」としての意義を土台とする団体の下部組織の形成、維持は非常に困難となるだろう。

つまり、トーナメントプロにこだわれば、「勝つ」ことのみが最終目標となる。逆にアマチュアにこだわれば、トーナメントプロを養成する環境としては不十分となる。

それでは「格闘空手」と「社会体育」の両立を理想とする大道塾の理念とも大きくずれてしまう。

現実に、一団体内でプロとアマを両立させるということは、今までどの競技団体も成功はしていない。公認された〝武道〟もしくは〝スポーツ〟として柔道や剣道、ボクシングやレスリングといった種目の場合、学校教師とか、道場主としてのレッスンプロならありうるが、トーナメントプロというものはない。

最後に経済基盤について。二年程前、アマチュアの一代表として、「THE　WARS」を行なった。この時は、日々並々ならぬ練習量をこなしているプロの選手を相手に、普段は社会人としてそれぞれの仕事に従事している選手たちが、寝る間も惜しんで仕事のあとに練習し、「よくぞここまで」と言うほどの活躍を見せてくれた。

しかし、何度もそれを期待することはできないし、七面倒くさい「理念」を持つ武道より、単純に勝ったか負けたかを論ずることのできる格闘技が盛んになった今日、世間の関心は、「勝つか負けるか」であって、アマチュアがよくあそこまでやったとは見てはくれない。つまり、プロであれ、アマであれ、今は勝つことこそが全てなのである。

そうなると、当然一日中を練習のみに費やす「プロ」を養成しなければ不利になるのは明らかであるが、それには前述した「社会体育」と「プロ育成」という問題と、その前に個人的には選手の「生活費」、団体としてはその「運営費」の問題がある。

信じられないと思うが、これだけ興業が派手になりファイトマネーも高騰すると、興行収入でコンスタントにそれを得るのは大抵の場合、無理である。

日本の場合、普通の民間会社は、テレビに選手が出て活躍するぐらいに成長した時は、スポンサーになって応援してくれるだろうが、成長するまでは、それまでは、ほとんど期待できない。

　幸か不幸か大道塾にはそのようなスポンサーはなかった。どう見るかは立場の違いだろうが、だからこそ現在の大道塾なのである。

技術の伝承と型の限界

　昔の剣術の稽古は、当然、木刀（もしくは稀れに真剣）によるいわゆる〝寸止め〟での練習しかできなかった。敢えて木刀での打ち合いをした流派もあったようだが、これでは当然、ほんのひと握りの先天的な才能のある者しか残れないので、世に出る、知名度のある大きな組織には成れなかっただろう。

　千葉周作により竹刀が発明されたことで、実際に当てながらの試行錯誤ができるようになり、技術は急激に進歩した。しかし、これも長短があり、竹刀は前二者に比して当然軽いので、なかには実戦では使えない技が生まれ、〝竹刀剣道〟とか〝早当て競技〟という蔑称も生まれたが、型稽古だけの固定した技より、実際に打ち合い、受け合う中での技の習得という利点のほうが大きかったのだろう。実際の殺し合いが頻繁に行なわれた幕末の実戦の中でも生き残ったのだ。

例外というか、もう一つの稽古方法として（素手の場合もそうだが）、実際の闘いにおいては、気力、気迫というものも勝敗の半分以上の割合を占めるものだから、「肉を切らせて骨を断つ」というように、身を捨てて遮二無二（恐怖心を振り払って）思いっきり打ち込むだけの稽古をした〝薩摩示現流〟という流派が、幕末の殺し合いの時には凄まじい威力を発揮し、一躍「薩摩示現流、恐るべし！」となった。

闘い方は「チェストー！」と、身を捨てるようにして、体ごと相手にぶつかって袈裟に切り下げるだけの単純な刀法だったらしいが、相手はその奇声と決死の突進に恐れをなし、逃げ惑い、討ち取られたという。

このように通常今までの剣の「闘技」は、創始者の経験から生み出された技の応酬を公式化し、相手がこう打ってきたなら、こう受けて、もしくは躱《かわ》してこう切り返す、といった流儀にしろ、薩摩示現流のような剣戟《けんげき》練習にしろ、とにかく同じ動作を無限に正確にできるよう反復練習をするものだった

「型を極める」――この方法は一定レベルの人間を生み出すには効率的な方法だし、相

2013年初頭に実施した昇段審査。現実の戦いに想像ではなく“実際”に対応できる武道を目指している。

手に当たれば切れる〝剣〟を使うのだから、打つ（切る）人間に多少の腕力の違いはあっても、大概は相手に傷害を与えることができるから、剣術に関しては充分に意味のある重要な方法ではある。

一方で、この方法は習う人間が創始者と同じような個性（身体的、性格的）の場合は、その人間にとっては最高の方法となるだろうし、手っ取り早く上達もするが、そうでない個性の違う者に対しては、「角を矯《た》めて牛を殺す」式になる可能性が大きいし、当然、創始者のレベル以上のものにはならない。これが〝型〟の弊害だ。

しかし、今回の型はそういう意味ではなく、いわゆる空手独自の、一人でやる一連の動きのことを言っている。空手や剣術の勝負は〝制空権〟を必要とする〝排撃的な闘技〟であり、技の応酬に〝速さ〟を要求されるので、瞬間、瞬間の反射神経の勝負であり、神経を張り詰めないとできない。更に空手は（剣術も）〝打撃〟であるから、当たれば痛いので技の交換などはなかなか気軽にできない。

空手が日本に入った明治初期の頃は、気軽に素手で打ち合える防具もなかったので、空手はそれを逆手にとって、相手に当てないで寸前で止めて、形やタイミングで勝敗を競う「寸止め」という方法を生み出した。しかもその上に、個人でもできる、ここで言う「型」という上手い練習方法も生み出す。即ち、創始者の経験の中から、敵との技の応酬をシミュレーションして、それに対して決まりきった受けや攻撃の技を連続的に出して現実性を持たせたり、立ち居振舞いに迫力を出し、「武道的形式美」を表現したりするようにしたのだ。

実際、蹴りなどを出す技の難しさを、見る者も自分に置き換えて実感しやすく、鍛練を感じるし、やる側も大きなダメージなしに擬似的攻防を練習でき、それが他人への強い示威行動にもなるので、自己満足できるのだ。寸止めと型という練習方法は空手の普及に大いに役立ち、空手は一気に広がっていった。

だが、ここで忘れてはならないのは、空手に限らず武器を持たずに、自分の肉体のみで闘う「素手の武道・格闘技」の場合、まず同じ型の技を使っても、使う人間の主に身体能力の差で、動きに大きな差が出るし、当たっても剣のような刃物ではないから、相手に与えるダメージも一様には出ない。当たれば倒れるはずだとの思い込みにより、普段当てていない拳では、相手の体力によっては効かない場合も出てくる。

しかも、ある一定の個性を持った相手も、創始者と同じ動きをするとは限らない。そうなると却って創始者の経験から生み出された、決まりきった一連の動きにとらわれることは、臨機応変な（自由な）判断と反応、研究、応用を殺してしまう。

それより、今は視界が広く〝素手〟でも当てて良い、スーパーセーフという軽量の防具があるのだから、実際に当てる攻防の応酬を自由自在にしたほうが、技の向上も著しいし、当たっても効かない場合には体力をつける必要性を感じ、鍛錬もするので、より現実的（実戦的）になる。これが今まで大道塾が〝型〟をしなかった基本的な理由だ。

社会体育という観点

一方の「体育教育」という観点からは、「型の存在」に大きな意味があることは設立当初から分かってはいた。（拙書『格闘空手2』1986年初版、〝型〟の意義の一考察に収録）

なぜなら、大道塾はそのスタートに、現実に有効性のある〝護身の技〟を追求するのが大きな目的の一つではあるが、一方、単に強さのみを求めるのではなく、「社会人の自己実現力の向上」と「青少年健全育成」といった、真に社会に役立つと認められ得る「社会体育」という理念をも重視してきた。

そのため、当時「壮年部」としていた年代のクラスを「ビジネスマンクラス」として「一般部」と同様に重要視した結果、他団体に比べてかなり充実した高齢者のクラスとなっている。

当時二十歳代だった第一期の塾生たちは五十歳を越えてきているが、「若い時と同じ百点満点の組み手ができないから鍛錬は意味がない、やっても無駄だ」ではなく、当然、幾つになっても護身術の必要性はあるし、健康を維持するうえでも〝型〟などは無理なく習慣的に体を動かすことに繋がり、中高年特有の生活習慣病（糖尿病や、高血圧、心臓病など）への予防的意味もある。

また、「少年部」にとって、〝型〟は身体能力、センスといったものが重んじられる〝組み手〟と違い、誰でも一定のレベルには到達できるので継続しやすいし、決まりきったことを習得するために、指示に従う習性がつく。従って年長者を尊敬するようになる、といった長所がある。

今、世界のどの国でもが悩みの種である青少年のしつけや教育の手段としても、武道の型稽古は非常に有効な鍛錬法の一つである。そういう意味で〝型〟は、ビジネスマンクラスには「技と体力、健康の維持」が気軽にできる、いわば〝武道健康法〟として、少年部には「しつけ、教育」の点で大きな意味がある。

また、かつて合理的な欧米人からは、「型などは実戦では役に立たない」として無視された。確かに従来の型が実戦では大して役には立たないのは事実だろうが、しかし近年、長い歴史に洗練されたそれらの型を「東洋的な独自の形式美の世界」として理解している層も出てきており、前述の一定程度の実用的な部分と相まって、以前ほどの拒否反応はなくなった。

さて、型の存在意義は分かって貰ったにしても、大道塾にとっての問題は、現行の多くの型が所謂「三戦立ち」や厳密な意味での「前屈立ち」で構成されていることだ。大道塾の基本は「組み立ちからの突き」でしているのに、型の時は「寸止め（伝統派）の腰から出す突き」を使ったのでは全く様《さま》にならない。その基本を身につけるにも少なくとも５００から１０００時間は掛かるはずで、しかもそれなりに見られるようになったとしても、少年部がやるのは愛嬌としてまだしも、一般部やビジネスマンクラスがやる場合は、伝統派ならではの雰囲気なり微妙な感覚は身につかないから、「猿真似」をしているとしか見えず、形式美どころではない。

型の効用は認めるとして、しかし所詮《しょせん》、猿真似としてしか評価されない。それならば、大道塾の基本を元にした自前の「組み立ちからの実戦型」を作る必要がある。しかも従来のような一連の技の連続ではなく、選手として実際に自分が試合や実戦の中（対人）で使った技の応酬ということになる。

それなら、現実に証明もされているし、年齢を重ねても無理なく指導できるし、自分の体を動かすことにも繋がる。

そこで今、北斗旗の歴代の優勝者への顕彰として「大道塾の型」を創る権利を与えているのだ。しかし、なかなかこの型を創作する意義を突き詰めていない「型絶対反対派（実戦あるのみ派？）」や、意義は分かっていても、「自分なんかが型を創るなんてとんでもない」と、すでに型としては歴史と権威のある「伝統型」に拘《こだわ》る者などなどの考えがあり、実現していないのは残念なことだ。

こういうものは強制して創らせたって良いものが生まれる訳はないので、私もそのままにしているのだが、該当者にはよく考えてほしいことがある。即ち、伝統を重んじるとか、謙虚な姿勢というのも分かるが、今は伝統的なものとして伝えられている型だって、初めは革新的だったり、試行だったりしたのだ。

物事というものは北斗旗もそうだったが、無数の試行の中で、歴史の検証に耐えたものだけが残り、そうでないものは忘れ去られるのだと考えれば、何もことをそれほど大仰に考える必要はないのだ。逆にそうだと思えば、自分のこれまでの〝組み手〟を改めて充分に吟味して、歴史の評価に耐えるような素晴らしい、〝型〟を研究、創作してほしいものだ。

武道を生きる

今そちらこちらで「武道理論家」や「学識経験者」の武道への発言が相次いでいるが、なかには体現者の言語アレルギーへの陥穽《かんせい》を突いた、到底承服できない〝脳内達人〟がかなりいるように見受けられる。

自分は高校から柔道を始め、六年間の修行のあと、極真空手を経て、名誉段のない大道塾で全くの白帯から実力で四段位まで獲得した「本物の武道体現者＋理論家」であると自負している。

柔道を始めた頃に感じたことで、高校一年のある時、偶然〝体落し〟が先輩にも面白く掛かり始めた。ところが一カ月もすると、タイミングを覚えられて全く掛からなくなった。焦って、いろいろ変化させてみたが、体系化されて覚えたものではないから、二度とそのタイミングは戻ってこなかった、という苦い経験がある。

空手を習い始めた団体でも同じで、延々と「基本」(約一時間)と「移動稽古」(約一時間)のあとは「体力トレ」(約30分)を行ない、その後はすぐに「組み手」だった。これでは技に対する反応ができていない後輩は、やられる一方でケガも多かった。

自分が指導員になってからは、「余計なことはするな」と言われながらも、当時「寸止め」にはあった約束組み手を、「フルコン用」に組み立てて行なったところ、後輩のレベルが急速に伸び、自分の良い練習相手になったものだった。

また極真会館早稲田大学支部を持ってすぐに、「杜の都の○○軍団」などと言われ、経験二、三年の若手でも全日本大会で三回戦くらいまでは進出した。

武道理論は百人百様である。だから私は弟子が、いろいろな稽古法や鍛錬で試行錯誤していても、自分の理論に合わないからといって、一概にああだこうだとは言わない。ただし、「その理論の当否は他と交流する試合の結果で評価される」というのは厳然たる鉄則である。

ここを踏まえないと、「試合は完全な実戦ではない。だからルールのある試合で真の実力は測れない」という、玄妙な理論の「幻の武道」が華々しく登場し、短時日は目を欺《あざむ》いても、いずれ真の姿が晒《さら》され消えていった、これまで同様の「打撃系独特の歴史」の繰り返しになる。

「試合は殺し合いではなく、最低限〝生《せい》〟を前提にする以上、本当の闘いではない」

は当然だが、しかしまた、逆にその程度すら証明できない理論を信じろとなると故事の「鰯の頭も信心から」ではないが、「信ずる者だけが救われる宗教」、「信ずる者にしか分からない武道」になってしまうのではないか？

大道塾は疑問を持ちながらも、評価されているなら他のルールでも、それなりに実戦に取り入れ証明してきた。

個人的には、別にそんな玄妙なものとは縁がないから証明してほしいとも思わないが、〝武道〟を標榜して、青少年育成、成人の自己実現力向上の道を追求するなら、ぜひ公開の場で証明し、若者たちが疑念なく取り組め、また、〝頑迷固陋《がんめいころう》〟な我々にも正しい武道の光明が当たるようにしていただきたいものだ。

〝武道精神〟とは？

「武道」は「武士道」から生まれたものだから、当然多くの共通の価値を共有してはいる。しかし、大きく似て非なる点がある。それは〝死〟というものに対しての捉え方の違いである。

さて、「武士道とは死ぬことと見つけたり」というあまりに有名な葉隠れ武士道の一節から、武士道には「命を惜しまない心構え」が最初からあったような錯覚を持っている人が多いのではなかろうか？

私はそれは違うと思う。武士道の原型は、「死」が日常的にあった戦国時代に、死の恐怖を乗り超えるために、仏教や儒教をベースにして萌芽《ほうが》したものだと思うが、しかし、実際その頃の「兵の命」は戦力として掛け替えのないものだったはずで、「その場その場で早く死んだほうが真の武士である」（山本常朝《つねとも》「葉隠」）などとは、絶対に考えなかったはずである。

ところがその後、江戸中期の安定した時代では、当然、死が稀なものとなり、死を恐れる風潮が出てきた。そんな時代にあって、物事への対応や己の出処進退の判断をする時に、命を惜しむのが一般的な人間の自然な性《さが》であるから、逆説として「武士道とは死ぬことと見つけたり」という極論に到れば、少なくとも卑怯・無責任の誹《そし》りは招かないとして生まれたものであろう。即ち当初は「命を惜しむ風潮を嘆いた論」だったはずである。

山本博文・東京大学史料編纂所所長は「葉隠の武士道」の中で、「しかし『葉隠』は武士の処世術に満ちた書物なのである。作者の山本常朝は、職務をより全《まっと》うする為にも出世しなければと思い、自分が家老になる為にひたすら藩主に迎合するように努めた」とすら書いている。

ここまで書かれると寂しい気もするが、「職務を全うするために」という前提なら「理想と現実の折り合い」という意味で、ま、腑に落とせるか……。

そもそも山本常朝は、単に佐賀藩の藩主の側役ではあったが、さして重要な役目を務めたとも言えないし、ましてや家老などではなく、主君の死に殉じて隠棲《いんせい》した一老人の悲憤慷慨《こうがい》を、彼に私淑した若い祐筆役《ゆうひつ》（書記）が纏めたのが『葉隠聞書』であり、当初は『鍋島論語』として佐賀藩士の間でのみ読まれたものである。

ところが日本は言霊《ことだま》の国である。ましてや「平和な時代には過激な言論が好まれる」という定説（?）そのままに、「武士道とは死ぬことと見つけたり」という、正しく「鬼面人を威《おど》す」その言葉が、太平楽の江戸時代には「新鮮な過激思想」として一人歩きし始め、一地方の「聞書」の一節、「その場その場において早く死んだ者が、真の武士だ」が、「武士道そのもの」となってしまった。

現代社会も「生き馬の目を抜く競争社会」ではあり、人はそれぞれの場で闘っているし、いざとなれば否応なく命を懸ける場面に突き当たるはずだ。身近な例で言えば、普段は「武士道精神」などという高邁《こうまい》な精神など毛ほどにも見せない、ごくありふれた中小企業の社長だって、会社が立ち行かなくなれば「死」をも選んで（保険金で賠償しようとして）しまうのが、善し悪しは別にして、現実である。

しかし、少なくとも現代の競争・闘争は「初めから死を前提とした闘い」ではなく、逆に多くの人は「生を前提とし、豊かな生を享受しよう」として日々競争し闘っているのではないか？　確かに競争の激しい社会ではあるが、現代に生きる人々は闘争心や攻撃心を掻き立てて闘いながらも、信義、廉恥、礼儀、名誉といった多くの倫理観により、最低限の人間相互の信頼関係を失わず、社会秩序を維持し、安定した社会を成り立たせているのである。

多くの人も、まさか「生」を前提とした現代において、「生きるとは、いかに見事に死ぬかと言うことである」とはもはや言わないだろう。即ち、武士道精神から少なくとも、前提としての死の部分を除いて信義を重んじ、正々堂々、積極的に生きる、などが現代に求められている精神なのだ。これが私の言う「武道精神」である。

武士道と比べた時、武道は人を、国を動かすまでの本質的な力を持たないという人もいるかもしれない。あくまでも厳然たる死が存在するから大きな力となりうるのだと。ではそういう人達は、「死を恐れない」と言う意味で、武士道精神と似通うパレスチナとイスラエルの「殉教者」による、果てしない、不毛の、としか思えない、自爆合戦を、積極的に称賛するのだろうか？

そう言うと、今度は「正しい武士道精神は、滅私奉公（己を去り、公に殉ずる）の精神で実行され、無関係な他人を巻き込んだりはしない。一方、自爆テロはあくまでも、来世での自分の幸福を担保され（妄信し？）、実行され、無関係の人間を殺すことを躊《ちゅう》躇《ちょ》しない」と強弁される。

それは身贔屓というものではないのか？　少なくとも、特攻を敢行した人たちが、死を賭しながら自分の為ではなく国を想ったことは疑わないが、一方で、虚しいことと思うが、自分の死が自分の家族や親類縁者への、（国や地域からの）何らかの評価に繋がると信じてもいたはずだ。

さらに、命を奉ずることだけが至高の善だとするならば、漠然とにしろ「命を大切にすること」、「生きて幸せになること」を志向しながら、今日まで連綿と続いてきた、人間と文明の進化を否定してしまうことになるだろう。

この程度の小論でそこまで厳密に言うこともないと思うが、テロは政治的・軍事的弱者が、圧倒的な強者に対抗しようと思う時、その一つの手段となることは、現実的には否定できない。しかし、道義的・倫理的には、絶対許されない蛮行、としなければ、平和な社会の前提が崩壊する。

そう考えた時、「死の対称としての生を輝かせた精神」ではなく、「初めから生そのものをより輝かす為にある精神」こそが、現代に生きる我々が拠り所とすべきものなのだと思う。そしてそれを育ててくれる大きな一つは、現代社会には観念として存在はしても、現実に実践されることのない武士道精神（観念は過激になりがちだ）ではなく、武道として生身の人間によって実践される中から育まれる「武道精神」だと確信している。

真のリーダーが死を賭してことに臨む心掛けを、自己に向けて（他に対してはではない、絶対に！）胸中深く秘めているのなら、その人の指導を受けて良いと思う。しかし、社会を成り立たしめている圧倒的多数の我々凡人が触れて良いのは、武士道精神から死を除いた「武道精神」までだと、私は思う。

チョット待った〝武士道精神〟

最近、老若を問わず多くの言論人により、またそれに力を得て、武道を愛好する人々の間に「武士道」という言葉が頻繁に唱えられるようになった。

さすがに初めは「アナクロ（時代錯誤）と取られるのでは」と及び腰でオズオズと発言していたが、意外に思ったほどの反撃も見えないと分かった最近では、堂々と「武士道精神」の復活が声高になされるようになった。待望される理由を私なりの解釈で翻訳すると大体以下のようなものだ。

昨今の、日本をリードすべき層の堕落・崩壊は凄まじい。

政治家（屋？）は、国の名誉などより、自己保身、安全第一の叩頭主義。叩頭主義とは筆者の造語で相手の無理難題にも、叩頭（頭を地につけて拝礼するさま）を旨とし、事を荒立てない別名、臣従主義。

官（奸？）僚は、公僕意識どころか特権意識、親方日の丸意識での汚職、血税浪費。

経（傾？）済人の、ハゲタカと言われようが、何と言われようが、要は、儲かりゃいいんだ主義。

文化人の、歴史に正義などはない。力関係しかないから、長いものには巻かれるしかない主義。

といった恥も外聞もない小心翼々、厚顔無恥、弱肉強食、敗北・虚無主義、など。

かつて、幕末・明治維新期に日本を訪れ、「何千年の歴史などと言っても、たかが東洋の島国だ、教育してやる」と高を括《くく》って来日した諸外国の来訪者たちが、その当時、既に寺子屋の普及で世界最高だった識字率（50％。イギリスで20％）の高さに驚き、逆に、「貧しいが高貴で誇り高く優秀な民族」とまで評価された、あの日本人はさてどこに行ったのだ⁉

私の歴史の知識は高校程度のもので、学生生活もバイトと空手（と宴会）にそのほとんどが費やされ、専門的に歴史や哲学や社会学を勉学する時間はなかった。従って、歴史や政治の本を読むのが好きというだけである。

それでも、なぜ今日のような日本になったのかについて考えるきっかけとして、初めは二十数年前、機関紙『大道無門』の中で、数年前はエッセイ！『日々是雑念』の「チョット待った武士道」の中で、元国際連盟事務局次長、新渡戸《にとべ》稲造博士の名著『武士道』に触れたことがある。

当時は、「何を今さら、武士道などというアナクロな話を」という感じで無視されたものだったが、この本は、その後、年月を経るに従って加速度的に、様々な出版社から、様々な言論人の解説付きで出版されるようになった。

その本の中で、「唯一神を持たない、従って、神による行動の指針を持たない、(しかも、理と利に聡《さと》い) 日本人が、あからさまな生存競争もなく、それなりに穏便な社会を維持してきたのは、日本の歴史に〝武士道精神〟があったからだ」と述べられている。

また、『歴史に観る日本の行く末―予言されていた現実!』で、日本の教育の崩壊を予言した小室直樹氏は、「人をつくる教育　国をつくる教育」の中で、「堕落した日本人の再生は偉大な人物を生み出す『松陰教育』しかない」、「松陰の教育の極意は、『死に甲斐』であった」と記している。葉隠の「武士道とは、死ぬことと見つけたり」は、将に吉田松陰のエートス(精神)そのものである。

最近ではベストセラー『国家の品格』を著した藤原正彦お茶の水女子大学理学部教授(現在、名誉教授)が、「いま日本に必要なのは、論理よりも情緒、英語よりも国語、民主主義よりも武士道精神であり、『国家の品格』を取り戻すことである」と述べられている。

柄に似合わずの〝活字好き〟でも、仕事（事務雑務、メール送受信、作文、指導、自主錬、渉外、社交、など）に追いまくられ、なかなか時間の取れない最近は、手っ取り早く情報を仕入れるために、ちょっとした時間は、『ゴーマニズム宣言』（小林よしのり氏）などの情報漫画（？）を読んで、〝向学心〟を満たしている。

この本は、真摯《しんし》で広範な学習から読み込まれた情報や知識を、一般人の常識感覚で選別し構築した、素朴だが、骨太な論理をベースに描かれている作品だ。面倒な問題でも、考えやすく調理してあり、自分程度の「浅学な訳知り顔」にも、適度な刺激を与えてくれるので有難い。その中でも数年前に読んだ、やはり「武士道精神を備えたものに政治をさせろ」と書かれていたのが印象に残っている。

このように、最近様々な場で武士道精神が称《たた》えられている風潮を感じるにつけ、「何でもかんでも合理主義の西欧が優れていて、非論理的、情緒的な日本はダメな国」だという、第二次世界大戦の無条件降伏以来、ずっと引きずってきた〝敗戦ショック〟からの、戦後六十余年を過ぎてやっとの覚醒として、私も大いに喜びたい。

とは言っても、へそ曲がりな性分からか、この風潮に諸手で賛成はできず、実際にその風潮に悪乗りする、武士道精神とは全く縁もゆかりもなさそうな、「外見で武士道を売りものにする武道家」が最近澎湃《ほうはい》と出現するのを見るにつけても、再び「チョット待ったぁー！」と言いたくなるのだ。

実際、前記の『ゴーマニズム宣言』を読んで、小林よしのり氏に、「武士道精神を評価してもらうことは有難いが、人よりは少しは実践的、多角的に武道に触れてきた者として、武士道に連なる武道を実践する現場を見た時、それは危険な礼賛では？」と手紙を書かせてもらったものだった。

忠誠、犠牲、信義、廉恥、礼儀、潔白、質素、倹約、尚武、名誉、情愛等などを重んずる武士道精神（広辞苑より）は、正しく理解されて行動の規範になれば，その責任意識や、恥を知る日常行動により、現実に徳川三百年の泰平をもたらし、しかしその後、時代の波が押し寄せ、義に殉ずる精神力、死をも恐れない〝潔さ〟により、明治維新のような偉大な成果を生むとは思う。

しかしこの武士道精神は一歩間違えば、武士＝死を賭して主君に仕える者（侍ふ─さぶらふ、即ち侍）という図式から、ややもすると、単純で分かりやすい「葉隠れ武士道──武士道とは死ぬことと見つけたり、二つ二つの場にて、早く死方に片付くばかり也、（中略）犬死などということは上方風の云々……」（山本常朝）という極論に、簡単に走る恐れが大きくある。また現実に、昭和期の〝問答無用〟の軍閥政治を招いた歴史的事実があったことも忘れてはならないと思うのだ。

武士道精神とは、ある意味で強い肉体と靭《つよ》い精神とのバランスを失わないだけの強靭さを持った吉田松陰のような天才、もしくは、そこまでは要求しないにしろ、かなりな人間（社会）通で分別のある者が持つのなら、命懸けで社会人類のため、言葉を変えれば「誇り高く、公に生きる」という、理想的な意志を強固にしてくれる強力な武器（？）だとは思う。

しかし、中途半端な、肉体だけが強くて、「普通の精神や分別しかない者」が扱ったなら、それは「命懸け」という極彩色で形容される部分だけが肥大化し、生命を抹殺するという過剰な精神に酔い痴れて、「死という絶対的な恐怖」を乗り越える時に感じるであろう高揚感が一人歩きし、すなわち、簡単に全てを、己だけではなく他人をも、抹殺できる「凶器」にもなりうるものだからだ。

醒めた言い方をすれば、自分にだけなら「ご自由に」とも言えるかもしれないが、それにはとどまらず、同じことを他人にも要求し始めるのだ。当然、死んだ本人が、ではなく、それを賞賛した周囲の空気が、いわゆる「詰め腹」も含めて、ということになる。

本当の死を前提として戦ってきた訳ではないが、少なくとも現代で、最も直接的に相手を倒すことを前提とした〝戦い〟を追求し、肉体の威力と精神の凶暴さの境界に立つ高揚感を、充実もしくは喜びとして体感してきた者の一人として、極限に近い至高感が分かるのだ。

そういう意味で、昨今の楽天的な（？）「武士道礼賛」の風潮には慎重でありたいと思う。武道の教育効果を誰よりも訴え、武道が評価されることに無上の嬉しさを感じ、〝情〟や〝熱〟を人一倍大事にしたいと思いながらも、肉体の持つ〝狂気〟というものを知る者として、その怖さを真に理解しコントロールできる者でなければ、武士道精神を軽々にもてあそぶべきではない、と訴えたい。

武士道精神という劇薬を安易に賞賛することは、本来の武士道精神が根底に持つ理よりも、その表層である熱や情に浸る快感に陥って振り回されてしまう危険性を同時に抱え込むことになる。「あくまでも情や熱は、理のコントロールがあってこそ正しい方向に向かう」ということを、遠慮会釈なく、くどいぐらいに叫びたい。

組み技、寝技の練習の意義と実際

町の柔道場というと、職業的指導員がいるかいないかという意味で、アマチュアの道場は、大抵一人の指導員がいれば良いほうで、「手取り足取り」の指導はなかなか期待できない。

これは何も柔道に限らない。武道の世界的名声は高く、世界大会の試合の時になると、「武道母国日本」などと持ち上げられ、勝つのが当たり前みたいに見られているが、その割に武道の世界的価値や日本社会での教育的価値に見合う扱いはされていない日本では、どこの武道場も維持するのが大変だというのが実情で、専従の指導者を常に置いている道場は稀である。

そのため、人手が足りなくて、大抵は受け身を教えたなら即、乱取りとなるのが普通である。いくらか受けは強くなり、力で頑張る癖はつくものの、自分から相手を投げられるようにはならない。

それで、「イロハから基本を教えてもらって、次に投げ技を学び、打ち込みで形を作って、乱取りに進む」と考えて柔道の道場に入門しても、その希望はなかなか叶えられない。

一方、大道塾で攻めと受けの両方をこなせる選手にしても、仕事を持っていながら練習する者がほとんどだから、自分の練習時間が減るので、他人に教えることより自分の練習をしたがり、通常の練習以外で、若手に基本から組み技を教えたりはしたがらない。

そんな中で、総本部では毎週、金曜日はパラエストラ（修斗とブラジリアン柔術の道場）から指導員を招いて寝技中心に指導を受け、水曜日は大道塾の誇るあのセム・シュルトを投げまくった山崎進指導員が、組み技・寝技の指導を行なっている。この指導日に参加しないのは、もったいないと思う。

金曜日のパラエストラの指導員は、初心者にも丁寧に寝技の基本から教えてくれる。山田利一郎新潟支部長を始め、大道塾のサウスポーの選手には意外と剣道の経験者が多い。

逆に言うと、柔道未経験者としての経験（？）を生かして、いわば打撃中心に覚えてきた（組み技の専門的な経験がない）多くの塾生が、空道＝打撃系総合武道の試合で、どう組み技や投げ技、寝技に対処するか、自分が使う、もしくは、経験者の組み技に対応するか、の実践をしつつ取り組んでいる。これはこれで非常に貴重な試みである。

一方、山崎指導員は日本体育大学柔道部出身で、組み技では最上級の修行経験を持ち、事実、数々の大会で豪快な投げ技と打撃の見事な連携で、幾多の巨漢を破ってきた選手である。

それと、試合のように派手な、目に見える活動ではないので、「知る人ぞ知る」地味な話なのだが、同じくらいに評価したいのは、嫌がらないで初心者にも丁寧に基本の受け身や、打ち込みを教えることだ。それは現役時代から今も変わらず、自分は続けている。選手の習性を考える時、これはなかなかできるものではないのだが……。

手前味噌じゃないが、これらの指導者のいるクラスは本当に貴重なクラスで、塾生で組み技、寝技を覚えたい者が、なぜ総本部にあるこんな恵まれたクラスに参加しないで、あまり指導体系が充実しているとは言えない一般の道場に行くのか気が知れない。本当に不思議でかつ、もったいない話だと思う。

元に戻るが、そういう意味でも、入門していても、今まで〝食わず嫌い〟だった選手や、特にこれからの塾生には、これらのクラスに大いに参加して、国内戦だけでは

チリの選手と対戦した２０１２北斗旗無差別王者の加藤久輝（手前）。日本選手は３名が出場した。

ない、次の世界大会ではより一層、対外国人選手との戦いで、いかに有利に試合を進めるかをよく考えた練習を積んで欲しい。

ワールドゲームズ２０１３カリ大会が、7月25日～8月6日までコロンビアで開催され、空道がエキシビション競技として12試合行なった。１０００人以上という観衆の前でお披露目できたことは、光栄なことである。あのような舞台でエキシビションマッチができたことは、選手たちにとってもいい経験になったであろう。試合も世界大会の前哨戦と呼ぶに相応しい内容だった。空道はまさに世界の公的スポーツとして世界の海原へ堂々の進水を成し得たことを感謝の念と共に堂々と宣言する。

第3章

強い心と体を育てる
武道教育を！

矢のごとし光陰に、爪痕なりを

２００９年、還暦の年を迎え、様々な機会に、様々な人たちから、様々な形でお祝いをしていただき、誠にありがたいことだと心から感謝し、御礼を申し上げたいと思う。そしてその時、「還暦雑感」として、これまでを、今日を、これからを語った一文がある。自分への叱咤激励の意味を込めて、改稿して紹介したい。

＊

六十歳となり、これを機に、自分の人生のテーマである「空道」普及のために、さらに邁進していく覚悟である。

悪ガキの出来そこないみたいな〝多感なオヤジ〟である愚生にとって、毎日見たり聞いたりするあれこれについて自分なりの想いや書きたいことがいっぱいあるのだが、塾長兼秘書兼雑用係の身には、毎日襲来する国内外からの結構な数のメールは、気づいた時に、逐次返事しないと、すぐに「どこから手をつけていいか分からない状態」になってしまう。しかも海外からのメールは返事が一昼夜後になってしまうので、朝方3時、4時（世間では夜中？）に起きると同時にパソコンを立ち上げるというのが、ここ十数年来の習慣になっており、楽しい自分の時間はなかなか持てない。

しかし、文章を書いていると、世界を掌にしているような気になって、偉そうに好き勝手にものを言えるというのは、一端《いっぱし》の訳知りになったような、酒が回ってきて「俺の歌を聞け！」状態になり始めたような、飽きない楽しみなのだ。

つけなければただの沈黙する菓子箱みたいなノートパソコンが、スイッチを入れると同時に、突如、居丈高に、所構わずガナリ立て、公私の別なく、様々な要望、要求、文句、愚痴といったあらゆる有象無象、森羅万象を、ボーとした頭に一気に捻じ込んで、私の闘争心に火を点ける。

その上、生来がヤジ馬な小生は、「買っても読む時間がないのだが」などと思いながらも、朝刊の広告に良いタイトルを見てしまうと、新刊書だけでなく、週刊誌、月刊誌にもつい手が出て買ってしまう病気持ちなのだ。流石にたまに「これで良いのか？」と思う時もある。

とは言いながら、雑な言い方をすれば、殴る蹴るを教えて（加えて）、挙句、偉そうに説教を垂れている私のような、ある意味特殊な世界の住人は、そうやって目をキョロキョロさせ、手を広げないと全くの世間知らずで終わってしまい、社会のお荷物になりかねないので、ヤジ馬にならざるを得ないのだろう。

改めて過ぎた日々を振り返ると、若い頃に感じた「人生ってのは、何て退屈で、何て毎日が長いんだ。（だから飲んで歌って面白がんなくちゃ、となった訳では……あるが）」と思っていたのが、気がつけば決まり文句の「光陰何とか」じゃないが、すなわち、「本当に人生ってのは短いものだなー」と残りの年数を数えるようになってしまった、というのが実感だ。

別にアッチに行った時の楽しみもあるから、「アッチに行った時の、コッチのことまで知ったこっちゃない」と言ってしまえばその通りなのだが、ただ仕事に追われ、何となく生きているのでは、「アッチに行く、行かない」まで話を高尚にしないにしろ、もう少し残っている〝嵐の年月〟の後の、〝静かな日々〟を迎えた時のことを考えると、あまりに味気ない話だろうと思う。

「ピンピンころり」も良いが、それでは私の人生は正に「酔生夢死」で終わってしまうだろう。ドタバタ劇場とはいえ、せっかくの一度限りの人生、終章くらいはと、樹が数本置いてある眺めのいい屋上で、ほど好い陽だまりの中、好きな音楽を聴き（こういう場合、演歌だけではない、念のため！）、ビールを片手にし、（あ、その前に一汗かかなくっちゃ）、遠景を見遣りながら、去りし日々と懐かしい（憎たらしい、か？）人々の顔を思い浮かべつつ、来し方を振り返る時間も少しは欲しいものである。

人に見せるためではなく、雑文でも何かを書き遺しておけば、「去年の今頃は何をしていた？　三年前は、五年前は」と考えた時、単に日誌や手帳を見て、ああこんなことをしていたんだな、とデジタル的に大文字の記憶を繋ぐだけではなく、それに小文字が加わり、更には色や匂い、小味といったものまで効かせて、いい酒のツマミになるはずだから、と思うのだ。

「不要不急なことは忘れるに限る」という理屈で、過去で振り返る何物もないという真っ白な達観の境地よりは、私は「そう言えばこの時はこんなこともあったんだったなー」とか「あの時は、こういう理由でああいう行動をしたんだったな」みたいな言い訳、「あのヤロー、今頃どうしてるかな〜」といった繰り言は、私のような「汗を流して飲んで歌う！」的な生き方しか知らず、特にこれと言った趣味もない人間にとって、確実に何年かあとにはくるだろう「汗を流さない／流せない（で食うだけ）の生活」を、少しは潤し、暇つぶしを与えてくれることだろう。

怪力乱神を語らず

体を使う競技、運動で、「走らなくても、ウェイトトレーニングをしなくても強くなれる」とか「年を取るほど強くなる」などと公言するのは〝武道〟の世界だけである。「年を取るほどに強くなる」なら、理の当然として師は永遠に強くなるだろうし、その下にいる弟子は代々それより弱いはずである。

人間は何千年、何万年と人類の歴史が始まって以来、闘争を繰り返している。もしそんな「年を取るほどに……」があるなら現代社会に生きている我々の強さは、ないも同じではないのか？　こんな子供騙しはさておいて、なぜ前者のようなウェイトやランニング不要論説が出てくるのだろう？　から考えてみたい。

それは数字（点数や時間、距離）で、その優劣を計れる他のスポーツと違って、人間と人間の肉体の戦いには技や体力以外に、精神的、心理的な要素、強そうに見えるとか、対峙する側の気の強弱、妄想を信じたがる性格など、刷り込まれた恐怖心も関係するから、確かに単純に技術や体力、スタミナだけの比較で、その強弱は決められないからである。

ある年の大晦日の総合格闘技の試合で、若くて体力、気力、スタミナと全てに勝っていた話題の選手が、戦前の大方の予想をひるがえして負けたことがある。その選手にパンチに対する必要以上の恐怖心があり、なかに入って打ち合うことができず、打ち合っても腰を引き気味にして体重の乗らないパンチだったから、相手にはそれほどのダメージにならなかったのである。

昔、『週刊プロレス』に大道塾（当時は「格闘空手」）の連載をした時のことだ。

「大概の組み技系の選手は首が太いので、一発や二発顔にパンチを貰っても恐怖心さえなければすぐに倒れることはないから、まず初めにパンチへの恐怖心を克服して、前進して思いっきり打ち合えばいい。それができればパンチは覚えやすい」

と書いたのだが、恐らくその負けた選手は総合格闘技を練習し始めて、すぐに打撃系の選手のパンチで相当なダメージを負ったので、そのトラウマが前進や打ち合いを躊躇させたのだろう。

ましてやどこにも所属しないでフリーで練習をしていたとなると、いろいろな練習法を学べる反面、どこに行っても〝お客さん〟だから、そのジムなり道場としては、舐められないためにも、まず〝洗礼〟をしてから、と思うのは人情である。

ウチなどにも柔道などの組み技系の経験者が入ってきた場合、彼らは大抵、初めから打撃系で育っている人間よりは体力（首も太い）があるので、普通にボディや脚を蹴られてもそう大きなダメージは受けない。

なかにはそれで勘違いして先輩などへの態度が大きい者などもいるから（恥ずかしながら私もその一人だった）、そういう場合はマスクを着用させた顔面ありの組み手をしておくと、大抵、次からは態度が改まる。

ところが、これが利き過ぎると道場の秩序（皆が余計な摩擦なしに練習できる上下関係）を保つのには良いが、その選手がパンチに対しての恐怖心を克服するには余計な時間がかかるようになる。一方、選手は褒めておりたて、ある程度〝天狗〟にすると自信を持って伸びが速いものだ。

しかし、どちらに偏っても、弟子を育てるという意味では一長一短だ。「道場の秩序維持」と「選手の育成」というある意味相反する両方の要素を上手く兼ね合わせながらしなければ、「武道の道場らしく上下関係や秩序は良いが強い選手が出ない」という道場と、「確かに強いが礼儀も言葉づかいもなってない道場」というどちらも〝困った道場〟になってしまう。

また別な要素で、実戦などと言っても「暴力、腕力絶対反対」の現代社会では、実際に殴り合い（ケンカ）などは度々あるものじゃないから、摩訶不思議な体系なり、妄想なりを信じて練習していても、〝その時〟までは、実力がバレないで済む。何となく強くなった気がして余裕ある態度や所作が身についたりすると、益々強そうに見えて周りは手を出さないから、それで十分に通用するのだ。

ところが、二十年ほど前に、そういう、あるセンセイの口説の巧みさでマスコミを一世風靡《ふうび》した〝ブドー〟があった。当時、世の中に出始めて研究が十分ではなく、様々な武道格闘技が連敗していた〝柔術〟に対して、我々は「あんな〝ブドー〟とやらが勝つことは、１０００％あり得ない」と見ていたのだが、常に話題が必要なマスコミに乗せられて「我々の体系なら勝てる」とまで言っているうちに自己肥大し、日本全国の注目を集めて何と！　天下の「後楽園ホール」で実際に公開で試合をしてしまい、全くなす術《すべ》もなく負けた団体があった。これなどは、まだ正直なほうだろう。（普通、そういう団体や〝センセイ〟は、「我々はどっちが強いか？　などという目的のために武道をしているのではない」とか、「我々の〝術〟は危険過ぎるから、試合はできない」などと言って、そんな下手な真似はしないものだから）

このような〝ブドー〟や〝術〟がいつの時代も「浮かんでは消え、浮かんでは消え」する理由の一つは、人間自身の心の弱さにもよるのだろう。特に若い時のスピードのある動きや、スタミナがなくなってくると、何か今までと違った別な体系なり〝秘伝〟が、その弱くなった部分を補ってくれるのではないか？　と思ってしまうのだ。

これは向上心ともとれるから余計始末が悪いのだが、ここで「現役（若い）時代に比べれば衰えて当たり前だ」と現状を客観的に直視できるかどうかだ。しかし現役の選手だった頃には（実際に戦うためには自分を客観視しなければならないから）、当然備えていたはずの誠実さや勇気が欠けてくる。その足りない部分を、鍛錬の過程で身につけた柔軟な心や間合いで補うのが武道のはずだ。

「子供ではあるまいし、いつまでも〝殴り合い〟で勝ち負けを決めるのか？」そんな妄想に耽ることなく、「ゼロになる訳ではない」とか、「しないよりは数段良い」と考え、少しでも時間を見つけて、「これまでの練習を効率良く」とすれば、それが現実的な強さとなって維持されるはずなのだが……。

もっと露骨な言い方をすれば、現代社会で最も暴力や腕力を必要としているのは誰で、どこだろう？　と考えれば答えは自然に出るのではないか。

それは表では警察や軍隊であり、裏では暴力団のはずだ。だからどこの国でも、軍や警察はその国において最も相手を制せるものとして、「実際に体を鍛えて初めて使える武道や格闘技」を採用しているのではないのか？

何と米軍は最近ＭＭＡ（ミックスド・マーシャル・アーツ）の採用を検討しているという噂もある。それは現代のアメリカでは一番ＭＭＡが強いと思われているからだろう。軍に応募すれば中東や、アフガニスタンに運ばれ、実際に死ぬ確率が高い昨今の米軍である。最近では手を変え、品を変え、低所得者層に大学進学や奨学金を約束するなどして徴兵しようとするが、なかなか集まらない。

そこで若者に人気のＭＭＡを学べるというインセンティブをつけると集まるだろうということらしい。間違っても「気」で相手を倒すなどという〝武道〟や〝術〟を採用している軍やヤクザやマフィアはないはずである（笑）。

因みに当然の流れだと思うが、既得権益が絡む日本では難しいが、既に空道は海外の数カ国で警察や軍の指導を始めている。

最後に、現在の私の力は現役時代から見れば半分、四分の一以下だろうが、それでもこれを職業としているお陰で、週二〜三回の練習はできているので、まだまだ動ける。

当然、弟子だから遠慮はしているのだろうが、それを割り引いても〝そこそこ〟には動いているはずだ。

みんながそういう環境ではないだろうから、同じにとは言わない。だが、週一回でも練習を継続していれば、それなりの力は必ず維持できるのだ。年々練習はきつくなるし、「何かもっといい手はないか?」と逃げ道を探し勝ちにもなるが、イザという時に「こんなはずでは?」と天を仰ぐよりは賢明な選択だと自分に言い聞かせて、自転車を漕いだり、バーベルを手にしている今日この頃である。

日本衰退(滅亡)論

このところ日本の衰退が国内外のマスコミを通じて喧伝されて久しい。約十年ほど前に中国のお偉いさんが、「日本なんてあと十年、二十年もすれば無くなるよ」という恐ろしいことを言っていたし、米太平洋軍総司令官のティム・キーティングが2007年5月に中国を訪問した際に、中国側から太平洋を東西分割して協力体制を持つのはどうかと提案されたと、記者会見で冗談混じりに話していた。極秘計画では日本の東半分が（内モンゴルやチベットみたいな）日本自治区で、西半分は東海省となるのだそうだ。

いたずらに不安感を煽る〝狼爺ィ〟になる気はないのだが。実際、どこを向いているか分からないような政治の混乱に目を覆うばかりだ。

不安定な円相場。票欲しさの収支を無視した「バラマキ政策」による１０００兆円なんなんとする国債発行残高。「外国人参政権」という信じられない政策。

人件費の安い海外への工場移転などによる国内産業の空洞化。経済成長率やＧＤＰの下落等などの国内外経済の停滞。

尖閣、竹島、北方四島など侵食され続ける領土問題……など。

「右を向いても左を見ても」じゃない、国内を見ても、海外を見ても、日本の発展どころか、現在の位置を維持するだけにしても、良い材料はどこにもないように見える。ここいら辺で日本も踏ん張らないと、本当にお隣さんの言う通りになるかもしれない。

一人ひとりが頑張るしかない！

一体我々はどうすればいいのか？　と風呂敷を広げてみても、浮世離れした生活をしている愚生になど良い案が出てくるはずもない。

「みんなで力を合わせて頑張ろう」くらいの単純なことしか言えない。しかし、しかしだが、そうなのだ。それしかないのだ。

敗戦から立ち上がった現在七十歳、八十歳の先人に倣って、みんな一人ひとりが「今取り組んでいる〝それぞれの分野で〟頑張る」しかないのだ。必死になって人一倍、いや人二倍、三倍頑張れば必ず自分の能力は向上するし、道は拓ける。他人の悪口批判はひとまず脇に置いて、まず自分の頭の上のハエを追え！　だ。

何でも簡単に覚える、身につけることができる天与の才能を持っている人間に腹は立つ、「何であんな奴が俺より……！」と。しかし、自分がそうでないなら、それを嘆いたところで何とかなる訳じゃない。ただの時間の無駄である。それならば、潔く（？）考えを切り変えなければならない。

何の分野でも凡人が他人より抜きんでるには、「人より多くの時間をかける」しかない。かと言って額面通りに人の二倍、三倍なんて考えると億劫になる。取りあえず、一・五倍でも人並よりは確実に違ってくる。

逆に「短時間で効率よく何々をマスターする」とか、「無駄を省いて効果的な方法がある」などという本や雑誌の情報は溢れているが、そんな個性も能力も違う他人の成功例を読む暇があったなら、まず行動だ。

闇雲でもいい、人より多くの時間をかけて一つのことに取り組めば、普通に生きている他人の見えないものが見えてくる。その中で自然と自分に合った効率的な方法も身についてくる。「まず行動ありき」なのだ。

ところが、今の時代はいろんな情報が溢れ過ぎて一つのことに集中することが本当に難しい時代だ。新聞やテレビ、雑誌の情報を見たなら、みんな見たい知りたいものばかりで、一つのことの絶対的な知識を得ようと思っても、別な情報が気になって仕方がない。また、ＴＰＰにしろ、消費税増税にしろいろいろな情報に触れれば触れるほど、専門家同士でも真っ向から反対の理論が沢山あるから、チョット新聞を読んだりテレビの解説を聞いたくらいではどれを選んでいいか分からなくなる。

そうなると、いろんなことは中途半端に知っているが確信が持てないから、結論が出せない。従って何事も熱く取り組む気がしなくなり、遠くから第三者的に物事を斜めに見たり、冷笑すること（熱くならないこと）が格好いいような気分、風潮が蔓延する。

かくして、多くの人間は中途半端な評論家になり、いろいろなことを浅く広く見て〝したり顔〟で行動し、発信されてくる情報にケチをつける。

こういう人間は一生懸命物事に取り組む人間にとって一番厄介だ。自分では何も生産しないくせに、人の向上心に水をかける。しかし、そんな奴は気にするな、放っておけ。そんな時は、NHK大河ドラマにも出ていた幕末の偉人、勝海舟が言った格好いい言葉を思い出したい。

「行蔵《こうぞう》は我に存す、毀誉《きよ》は他人の主張、我に与《あずか》らず、我に関せずと存候」と。即ち「出処進退（自分の進む道と解釈しても良い）は自分で決めることだ。誉《ほ》める、貶《けな》すは他人のすることだ。俺には関係ない」ということだ。

かくいう私も元々は何でも知りたがるヤジ馬根性の人間だから、若い時は空手に狂って一日5～8時間の練習に明け暮れ、練習のあとは食事と酒と睡眠の日々で、気分転換の二番上映館（池袋「名画座」、飯田橋「佳作座」、早稲田松竹）巡り以外、数年間「小説どころか、テレビを見ない、新聞も読まない」という日々が続いた時は心底、不安でいっぱいだった。

「常識的な情報も知らないで、果たして俺は時代について行けるのだろうか？　とんでもなく遅れているんじゃないのだろうか？」

「同級生は就職だ、結婚だと言っているのに、毎日毎日汗を流すだけの生活で、果たして俺に未来はあるのか？」

「俺は浦島太郎になるんじゃないのか？」

と。そのうえ、親からも、

「いつまで空手なんて夢を追っているんだ！　さっさと、就職しろ！」

と〝せっつかれ〟ていた。しかしその一方、

「何一つ自分に自信が持てない人間が、社会人になって周りと一緒に行動した（流された？）からといって、時代について行っているとは言えないはずだ。俺なりに考えてこの道を選んだんだから、今はこの道に集中するしかない！」

と、何度も何度も自分に言い聞かせて、最後は開き直ったものだった。

「どこまでも〝真理〟を追求し、間違いのない道のみを歩もう」と道を極めるのも頭の良い人間にはいいが、そうでないなら、ある程度自分で考えて決めたことに、取り

あえず夢中になって取り組んで、過ちに気がついたなら、それから修正すればいいじゃないか？　人生は何も一本道じゃない。

窮屈に考え過ぎると、みんなとチョット違った道を歩むと不安になるし、チョット失敗すると俺はもうだめだ！　となる。第一、そんなに物事の先が正確に読める人間が世の中に溢れているなら、世の中はもっともっと直一線に発展していると思う。

高校時代、政治家、冒険家、教育者、文筆家、任侠の世界（笑）などいろいろな道や夢があったが、十年近い〝浮遊〟ののちに、ある時一人になって、現実に実現可能な道を考えてみたなら、そう多くは残っていなかった。

大学で教職課程も取っていたし、勧めてくれる先生もいたから、「高校の先生になれたなら、柔道を教え、好きな本をたくさん読みながらのんびり生きるか」が一つの道だった。

ところが、それすらも仕事と空手と夜学で中途半端な勉強しかしてなかったから、「果たして俺はチャンとしたことが教えられるのか？」という不安もあった。

そこで、「もっと本格的に勉強をしたい。それなら海外の大学に入るしかない。しかしそんな金はどこにもない。それじゃ自分が持っている乏しい能力の中でも、多少他人よりはましだと思える運動能力を生かして夢を実現するしかないだろう」

　という訳で、「よし！〝空手海外指導員〟しかない！」と、はみ出した結論に達し、退路を自分から絶ってしまった。

　しかし、だからこそ、それまで何事にも興味を持つが全てが中途半端だった私でも、「ここで結果を残せなかったなら、何のためにこんな回り道をしたか分からない」という想いから、死に物狂いで練習に集中でき、それなりの結果を出せたのだと思う。

　そんな、死に物狂いで練習をした時代があり、幾分かは人の見てない地平や時空を経験することができたからこそ、今〝そこそこには〟人前で偉そうに講釈したり、範を垂れたりして何とか飯も食えている。

　高校時代の〝青雲の志〟とはずいぶん離れた〝職人〟の世界ではあるが、判断しかねる物事が次々と毎日起きてくる時代、様々な体験を重ねてきたからこそ、（ひょっとしたらバイアス＝偏見が掛かってるのかもしれないが、しかし実体験から生まれたものだ）人より少しは確信のある、広い見方ができると思うし、悪くない人生を過ごしてきているとも思っている。

　繰り返すが、人生のどっかで、「俺は何で世の中を渡って行くんだ？」と自問自答する時が必要だ。

そして、「ここが俺の分かれ道だな」と結論したなら、思い切って退路を断つくらいの気持ちで、他のことは暫く忘れて一つのことに集中することだ。

そうすれば必ず人の見てない世界、地平が見える。

マラソン世界一周を達成した間寛平氏が、

「日本が素晴らしい国だということが分かった」

と言っていた。口幅ったいことを言わせてもらえば、私もこの仕事のお陰で世界の国を70〜80カ国前後を訪れていると思うが、全く同感である。

まだいろいろ海外に学ぶこと、改善しなければならないことも多々あるが、いつも、どこの国へ行っても、総合的に見て日本という国は世界でも一、二番を争うほどに素晴らしい国だ！　まだ見てない国とは比較できないが、本当に海外に出る度に、日本に生まれたことに感謝する。日本人は日本に大きな誇りと自信を持って良い。

空道の目指す道

武道が単なる「どっちが強いでしょー」的なものになっていた社会風潮の中にあって、「現実的な護身」とか「社会体育」といった原点に固執し、派手なパフォーマンスができずに、後援者やファンの方々、なかには支部長にも、「大道塾・空道はどうなっているんだ？」とか、「これからどこに向かうんだ？」などと大変心配を掛けていた時期がある。以下は、塾生に向けたメッセージである。

＊

幸いにして『大道塾』発足三十二年目、「空道」提唱十二年目にして、これまでの地道、堅実な活動が認められ、ＪＷＧＡへの加盟、『2013 World Games Cali』へのデモンストレーション参加等など、様々な明るい話題が重なって、活動に弾みがついている。

そのうえ、参加が黒帯昇段の条件になったという「遅すぎた対策」も理由の一つである訳だが、ＳＣ（合宿と言うには短か過ぎるので Summer Camp）が例年以上の盛り上がりを見せてくれている。そんなＳＣで行なわれる定番の審査で気になったことが何点かあり、その都度注意したが、改めて注意を喚起しておきたい。

それは基本稽古と移動稽古の習熟度に支部間で大きな差があるということだった。恐らくある一定の割合の支部では基本を軽視し、まさかとは思うがほとんどしてない支部があるように見えたのだ。

これは空道が飛躍的に世界へ広がる予感のある今、絶対に見逃してはならない問題で、改めて武道に取り組む原点を指導、徹底していきたい。
7、8、9月はSC以外では審査は認められていない。賛否両論はあるだろうが、いわばSCに参加した者の特典として審査が行なわれる。運営的にはこうしないほうが受験者も多く、本部や支部にとっては助かるのだが、単なる技術競争者集団ではなく、SCを通じて普段顔を合わせない支部生同士が、より親しくなれる、同じ場所で練習をし、同じ屋根の下で入浴し、食事をし、語り合うという、より人間的な交流も何度かは経験してほしいという願いがあるからだ。
でないと技術競争者集団の常で、会うのは大会とか審査会だけというライバル関係しか築けず、一旦亀裂が入ると修復することはなく、縮小再生産の繰り返しになってしまう恐れがある。

サマーキャンプで必ず行なっているセミナーにて。師は弟子と向かい合ってこそ、対話と信頼関係が生まれる。

人間の幅を広げるのも一つの目的で武道修行をしたのに、心身の個性（強気、弱気、センスの有無、身長、体重など）で差が出やすい技術中心の付き合いは、チョットした考えの相違がもとで、普通の人以上に疑心暗鬼になったり、相互不信に陥ってしまい勝ちだ。そのために、過去には天にも届くような威容を誇った団体、組織が、見る見るうちに四分五裂してしまうというそういう虚しい例を多く見ている。そういう時に歯止めになるのが、人間的な触れ合いの記憶なのだ。

これは、「他の芸事以上に〝肉体的強さ〟が周りに大きな影響を与える武道や武術」では、最も留意しなければならない点だと思っている。強くて人の言葉を聞かない人間を育ててしまったなら、その団体、競技の団結力や発展・進歩する力の低下にも繋がるが、それ以上に社会に害毒をまき散らすようなものだ。

そういう意味でも、今の若者が避けがちな〝集団稽古〟というものの意味も考える必要がある。少子化社会で兄弟や近所の子供たちと集団行動をすることが少なくなり、子供の頃から一人部屋を与えられ、しかもゲームなど一人で時間を過ごすような成長をして来た今の若者は、練習でもジム形式でトレーナーなどにコーチして貰ったり、道場でも気の合う数人でしたり、一人でする自主トレが好きだ。そういう意味で、多くの他人と歩調を合わせる「集団でする基本稽古や移動稽古」はあまり好まれない。また、それなりに自分の練習法ができてくると、それに合わない昔からの稽古方法を軽視し始める。

しかし、武道界の先達から受け継いだ、武道そのものや、その団体や流派の伝統、形式といった共通項で、一見不合理と見えるものも（一定の割合を越えないならば、だが）無条件で伝え（教え）、伝えられる（教えられる）という練習方法は、とかく技術習得が早い者が陥り勝ちな、独善的、唯我独尊的な性向を抑止し相互理解や切磋琢磨を通して学んでいくことに繋がる。

これは、「世の中は多くの矛盾に満ちているが、それに反発して逃避、引きこもる若者が増えている」現象にも通じる。しかし、一見矛盾に見えても、それが現在も継続しているのには何かの意味や事情、状況があったはずだ。それを知るためにも、まずはその中に身を置いて、全てを見渡せるキャリアを積んでから、それでもなお、絶対に改める必要があるなら「提言、発信しろ」という、一般社会でも通用する人格を形成するためにも、重要な導入過程（通過儀礼）というべきもので、指導者はそれを説き聞かせ得る人間でないといけない。

だからその排他的な心情の萌芽を摘み取るために、武道や武術界では〝押忍〟という、忍耐の上に更に、押しつける、押えるといった〝押す〟という語を加えて、強い響きを持つ音で潔さを表明するだけでなく、上位者へ従うことが「一方的な受身（押しつける）だけではなく、自分の意志（押える）でもある」という形式美に高めたのだと思う。

だから大道塾・空道では、今どき時代錯誤な響きのある〝押忍〟という言葉の（重い、暗い？）イメージを了解しながらも、敢えて今でも残して挨拶させている。

そういう意味でも、もう一度、支部長、塾生は前述したように、空道が世界的競技になる前に、同じ道着を着ているが、音だけが同じ「クードー」にしないように、改めて空道の基本や移動稽古の意味を振り返ってもらいたい。

「押忍」の精神

極真時代に〝海外指導員募集〟というキャッチコピーに釘付けになったものの、様々な理由や事情でその夢がかなうことはなかった。大道塾を設立し、三十年の時を経た２０１２年は、大道塾にとっては記念すべき年となった。

オリンピックへの道へと繋がるＪＷＧＡに認可された年だからだ。そんな２０１２年は、年頭からセミナーや大会など、海外遠征が多かった。１月がイラン、３月がアメリカ・デトロイト、４月がリトアニア、７月と8月は国内のサマーキャンプの日程で詰まってしまうので、毎年海外には出られない。9月は南米大会のため、ブラジルへ。10月はセミナーでもない限り、訪れる機会はないと思われる地、キプロス島へ行った。

どこの国に行っても、不安も期待もあるものだが、キプロス島は、今もなおギリシャとトルコの紛争が続いている地中海に浮かぶ島である。現在はそのキプロス紛争が小康状態にあると聞いてはいたが、多少の不安を抱えての遠征であった。ところが、その不安は見事に杞憂に終わる。何しろ、東京オリンピックの年にキプロス紛争は起こっている。私が中学生の時の話だ。

ホームページの海外遠征記にも記しているが、気候は温暖で、食べ物もうまいし、ワインの味も素晴らしかった！　住人たちものんびりしていて、平和でのどかな国だった。セミナー参加者もみんな温厚で、それでいてだらしなくなかった。普通、これだけ環境に恵まれていると、良く言えばノンビリ、悪く言えばだらしなくなるものだが、紛争の継続している歴史が「治にいて乱を忘れない」国民性を形作っているのだろう。いろいろな面でも今までのセミナーの中でも相当上位に入るほどだった。

キプロスセミナーは半年前のリトアニアセミナーに参加した支部長が「キプロスでも空道を広めたい」という強い希望もあったことから実現した。２０１４年に開催する空道の第四回世界大会の出場も希望している国だっただけに、一度は訪れておかなければと思っていたところ、実現した遠征である。この仕事に従事していなかったら、訪れることのない国だろう。あんなにワインが美味しいのならば、また訪れてみたいものだ（笑）。

「大道塾設立以後＝三十年」とは言っても、競技名称を空道に変えて世界大会を開いてから、まだ十二年しか経過していない。しかし、アメリカ、東西ヨーロッパ、ロシア、中近東、アフリカ、アジアと様々な国を訪れている。夢は一日も早く80カ国、１００カ国まで空道を広げたいと思っている。

セミナーでは、今でも必ず『押忍』の精神、意味を教えるようにしている。我を殺す、謙虚になることが大切である。握手をする時は、なぜ両手で行なうのかも教えている。両手で握手をするという行為は、謙虚な姿勢を見せるのと同時に、「一方の手に武器などは持っていません」「あなたのことを信頼しています」という意味も含まれているということを伝えると、「そうだったのか」と思う外国人はいまだに多い。

これが上下関係だけで教えると、個人意識の強い外国人というのは、なかなか理解してくれない。両手で握手をするというのは、敬意を表するという意味でもあるが、これは相手に自分を預けますという意味でもあると教えると、すぐに理解してくれる。「押忍」を教える時にしても、この競技というのは、理不尽なこともあれば、苦しくて嫌になることもある。そういう時に我慢するということであったり、自分の欲望や余計なプライドを捨てたり、我を殺すために「押忍」be patient ＝忍耐、辛抱であると教えるようにしている。

「押忍」の由来としては、大日本武徳会が戦前に京都で運営した武道専門学校の学生の間で生まれたという話をものの本で読んだことがある。「おはようございます」だったものが、「おはよーっす」となり、「おわーす」となり、「おす」と縮まったという説がある。そこに「押して忍ぶ」――つまり、自我を抑え我慢するという意味である漢字を当てはめた結果、現在の形になったというのではないかと言われているようだ。現在は後輩が先輩に返礼する際にも使われているが、略語という性格上、本来は先輩が後輩に対する時だけ用いた。

大道塾を始めた時に、この「押忍」というのも古臭い響きだから、どうしようかと考えたこともあった。ところが、互いに「気」が入っている（神経が張っている）道場に入ってきて「おはようございます」「こんにちは」と挨拶しても次の言葉がなく途切れてしまう。でも目を合わせた時に「押忍」という言葉を使うだけで、道場内でコミュニケーションが続くのだ。

我々のように打撃系の競技をやっていると、神経が過敏になってくる。そういう状態の時に、「押忍」という言葉一つで何とはなしにコミュニケーションが取れていると、危険や危機の回避にも繋がっていく。都合が良いといえば、都合が良いように使っている言葉に思われてしまうが、道場での言動を和やかなものにする手段としても、この言葉は非常に重宝されていると思う。

２０１３年1月13日、全国支部長会議を兼ねた支部長合同審査会が開かれ、私は九段を取得した。現役時代の下段蹴りの後遺症で両膝の半月板がないから、審査の次の日は歩けなかったが、これも修行の一環だと考えなければならない。昇段試験に十八人受けたけれども、ロシアからも三人が受けに来た。海外の支部長が、必死になって審査会に来るのは理由がある。なぜならば、外国人のほうが武道というものに対して、観念的だったり合理的だったり多面的に捉える傾向があるからだ。礼儀・礼節が大切であるとか、帯の金線の数は多くあったほうがいいというように。外国人は映画や本から武道に入ってくるケースが多いからかもしれない。

少年部の諸君へ

心や体が強い人は、人の手本になることが多い。そのため、何かをする時には、間違わない判断をして、正しい行動をしなければならない。

それには普段から、何事も自分で考える習慣が必要不可欠だ。テレビも楽しいのだが、これらは、いろいろなことが次々と出てくるので、そのことが正しいか間違っているかを、すぐに判断することは難しく、何となくテレビに出てくることは「これで良いのかなー」というように、そのまま認めてしまう。

でも、テレビがいつでもそのまま正しいのだろうか。言われていることや、映っていることを自分で考えて判断しないと、間違ってしまう時もあるだろう。

その点、雑誌や本は読んだり、見たりしても、分からなかったり、納得できなかった時は、前に戻って読み直したり、見直すことができるので、自分で考える習慣がつき、しっかりした自分の考えを持てる。

自分で体を動かして身につけた心や体をもって、他の人と話をしたり遊んだりする

大会で型の演武をする少年部の選手たち。大きな舞台を経験することで、少年たちも自信をつけていく。

と、いろいろな考え方やいろいろな人がいることが分かり、自分の考えをより深くしたり、自分とは違う人間に対する理解や思いやりが生まれ、口先だけではない本当の友達ができる。

これらを身につけて人間的に向上し、世の中のために役に立つような人間になってほしい。

日本の子供たちが、「国や人のために役に立つ人になりたい」と思う順位は、世界で下から五番目だそうだ。日本経済が低迷していると言っても、世界でも有数の豊かな国に生まれ、親も教育をしなかった責任があるのだが、貧困の悲しさや惨めさを知らないで、自分一人で好きに生きられると思っているからだろう。

しかし、日本がこんなに豊かになったのも、たったの一世代（三十〜四十年）くらい前からでしかない。

空道の指導で世界の国々を回ると、前にも言ったが「日本という国は何て素晴らしいんだ！」と本当に実感する。しかし、もし日本人がみな、「自分だけが良ければ」というようになれば、貧しかった日本（今でも世界の60〜70％の国々はそうです）に戻るのは簡単なのだ。

どうか今日の豊かさを得たのは、今の七十歳代以上の多くの人たち（先輩方）の「日本を良くしたい！」という強い願望と、血の滲むような大変な努力があったからだということを忘れないで、立派な大人になってほしい。

東日本大震災を乗り越えて、進むべき道

２０１１年（平成23年）３月11日の東日本大震災は、マグニチュード9、最大震度7という世界的にも歴史的にもあまり記録にない、未曽有の出来事だった。塾生の中

には津波で家を失った人や、身内が行方不明になった人、危機一髪で助かった人、まだ安否が確認されていない人たちが何人もいる。

一人でも多くの方々が救われることを心からお祈りするとともに、不幸にも今回の震災で被害を受けられた方々に対し、心よりのお見舞い、ならびに哀悼の意を表させていただき、当時の機関誌に寄稿したコラムに加筆し、振り返ってみたい。

＊

私は地震と津波の多い三陸海岸の宮城県気仙沼市に生まれたので、1960年の「チリ地震津波」を経験しており、当時、小学五年生だった私は、1953年に合併して気仙沼市となった私たちの鹿折《ししおり》地区が、死者こそいなかったものの、モロに津波を被って大きな損害を受け、その怖さを幼心に焼きつけており、規模としてはもっと大きな震災（阪神淡路、新潟中越など）があっても、「大震災を経験している」という思い込みがありました。

ところが今回の震災はその数十（百？）倍もの大きさで三陸沿岸を襲い、そんな経験など吹き飛ばしてしまいました。我が鹿折地区も津波と火事で大半が壊滅。火事に遭い浸水被害を受けた姉などもいましたが、実家は鹿折川の中流にあり無事で、ケガや行方不明者はいません。今は小学・中学時代の仲間や、高校時代の同級生、柔道部の先輩後輩の安否が気遣われます。

すぐにでも駆けつけて何でもできることをしたいと気が逸《はや》っても、まず鉄道や道路が遮断されているし、ガソリンの給油が制限されているので、何とか被災地に入ったとしても、逆にガソリンや食料の問題などがすぐに出てきて、経験のある人以外は、組織立って救援活動をしている方たちの足手まといになる可能性のほうが大きいのです。今はただ、一人でも多くの人たちの生存が確認されることを祈るしかありません。

さらには被災していない地区の予選大会も近づいています。「こういう時期だから延期や中止を」という声もありますが、離れていて直接支援に行けない人たちが、みんなで頭を垂れて下を向いていたり、暗い顔を見つめ合っていても何も生まれません。被災していない者たちで、震災後への対応を計画し行動するしかないのです。

たとえがどうか、賛否があるところだと思いますが、私は今回の震災はいわば〝戦争〟だと思っています。戦争を経験してない者が軽々に使う言葉でないことは十分に知っているつもりですが、震災後一週間目に何とか交通手段を確保して気仙沼に向かう途中に通った町々、中でも被害が甚大だった宮城県の南三陸町や故郷、気仙沼で車を降りて、四周の惨状、瓦礫の山を見渡した時、「これは戦争だ！」という言葉が思わず出てしまった。日本という国がどこかからの攻撃、空襲を受け東北地方が甚大な被害を受けてしまったと同じ状況です。

そう考えたなら、一部隊や地域がやられたからと言って日本全体が意気消沈したのでは、戦いは負けです。やられていない、まだ傷を負ってない部隊や地方が反転攻勢をしなければ、日本は本当に負けてしまいます。今こそ日本人が一致団結して闘う時です。そして日本はギリギリまで押し込まれ、果てはやられてしまってから本気になる民族です。前者が明治維新であり、後者が太平洋戦争の敗戦後ではないでしょうか？我々はまさに、今後何十年に亘るかもしれない『震災＆原発戦争』の中に生きているのであり、この表現は決して大袈裟ではないはずです。今までの平和で穏やかな時代とは違う、平和を希求しながらも、それを守るために「緊張感のある日常」を要求される時代が始まるのかもしれません。

こうした未曾有の震災の中で、設立当初からの古参の一人である浪岡文雄支部長が、病気で家庭療養中だった、傍目にも凄く仲の良かった奥さんを亡くしてしまった。やっと会えた時に、気の強かった彼が「先生！」と言って抱きついて来た時には何にも言葉を掛けられなかった。彼は仙台在住の頃には、道場の印刷物等の手伝いをしてくれていたので頻繁に道場に顔を出し、その度に亡くなった息子をとても可愛がってくれていたので、その身内を亡くすということの辛さがひとしお身にしみた。

その後、いつも使っていた公共施設そのものが避難所になっていたこともあって中々練習を再開できないでいた。そんな訳で大会や審査等で会う度に今一つ元気のない顔を見るから、私は自分の経験から、

「浪岡よ、辛いだろうが何とかして道着を着けてみんなの前に立て！　嫌でもアドレナリンが出てメソメソできなくなるから」と言ったが「オ〜ス、そう思ってはいるのですが……」が何度か繰り返された。やっと、

「先生、後輩の道場を借りて、また練習を再開しました！　やっぱり道着を着るといいすね〜」という声を聞けたのは一年くらい経ってからだった！　今では会う度に、

「自分は大道塾を、空道をやって良かった。これがなかったなら自分はどうなっていたか分かりません。先生ありがとうございました」と言ってくれる。

「昔、先生が前の団体で飛ぶ鳥を落とす勢いだったのに、大道塾などという誰も知ら

ない道場を始めた時には、何を狂ったか（笑）、間違った先生についてしまったか？とも思ったけど……」とか、次第に生徒が減っていった時などは、「だから辞めなければ良かったのに」と言うと、「浪岡よ！　絶対に俺の選んだこの道に間違いはない。今に良い時が来るから」と言われても半信半疑だったけど、「本当にそうなりましたね！ついてきて良かったです」と言われた時には、何かほっとした。

多くの弟子の人生を背負ってと言うと大袈裟だが、人生に影響を与えている以上、もっともっと空道は前に進まなければならないと思う。

アレクセイ・コノネンコ。東日本大震災で本人も家族も甚大な被害に見舞われてしまった。

もう一人、付け加える。大道塾東北本部のアレクセイ・コノネンコ師範（五段）の3・11震災直後のメールから始まる話です。

『連絡遅くなりました、私の家族と私は無事です。家は津波に流されてしまって、奥さん（妻）が30分前に避難所に逃げた。私は帰宅途中だっ

コノネンコ(左)は、震災後の 2012 & 13 年の北斗旗体力別選手権で優勝。この精神力は見習うべきものがある。

たけど、途中で行けなくなって車を捨てて、次の朝歩いて七ヶ浜に行きました。一生忘れられない。七ヶ浜で３日間避難所にいて、昨日家族を、奥さんの実家にやっと連れて行くことができて、初めて連絡しました。その後東北本部に行って状態を確認しました。これから、いろいろもっと大変になると思いますが、今こそ皆で力を合わせて団結してやるしかない。頑張るしかない。絶対に負けちゃいけない。皆一緒だ』

彼はロシアのウラジオストク大学の考古学者夫妻の子供として生まれて、本人も考古学を専攻したのだが、十数年前、私に長々と手紙をくれ、「日本の武道、大道塾に憧れているので、是非日本で修行をさせて下さい」とあった。

その後、担当の教授から、「日本での身元保証人になって頂きたい」と申し入れがあり、この仕事をしている縁で多くの外国人と触れ合っているので、即了解ともいかずに逡巡していた。そのあと、ウラジオストックで空道のセミナーがあり、彼に直接会って話しているうちに、「この青年なら身元引受人になっても良いか」と思い、承知したのだった。

そして、彼は現代の下手な日本青年（？）以上に、武道精神で真摯に勉学と空道に精進し、期待に違わず八度の全日本体力別優勝や、遂には無差別をも制覇し、今は東北福祉大学の文化人類学の学究徒であると同時に、同大学の「国際センター」助教として働いている。

その彼が、今回の震災で新築したばかりの家を流されてしまったのは周知の通りで、何度か彼とメールのやり取りをした中で、さらに、こうも言っていた。

『将来が全く見えない。ロシア大使館から三回避難が勧められました。私は（※筆者加筆――日本が好きだから）断ったが、夜、子供の寝顔を見る時に、正しかったかど

うか泣きそうになります。皆の掛け声だけは力になります。』（原文のまま）

今の日本は、彼（だけではない、多くの日本に憧れて、もしくは夢を持ってやって来た外国人）の「憧れや夢、期待」に応える日本人の誇りを保っているのだろうか？残念ながら最近の私は度々、「昔の日本人はこうじゃなかったんだぞ！」と思わされる羽目になっている。我々は彼（しつこいが、彼だけではない、日本に憧れて、もしくは夢を持ってやって来た外国人）の選択を後悔させないような日本を、もう一度立ち上げなくてはならないと、心からそう思わないではいられない。

そのコノネンコは、震災から一年二カ月後の北斗旗全日本空道体力別選手権大会で優勝した。練習環境も良くない中での戴冠は素直に称えたい。

そういう意味で今回の震災は、「雨降って地固まる」と思うには余りに「むご過ぎる災難」だが、逆にここまでやられると「耀ける日本」を取り戻す最後の機会かもしれないとも思う。

事実、被災地の方々のなかには、「大丈夫だ！　こんなことで負ける訳にはいかないから！」と言うような〝不撓《ふとう》不屈の精神〟を感じさせる男の人の力強い声や、「みんなで支えあったら乗り越えられるんだよー」と、図らずも日本人の原風景を抽出して見せてくれる老婦人などを見ると、政治家や役人の発言は、紋切り型の陳腐な掛け声にしか聞こえない。

3・11から、日本は何十年掛かるか知れない『震災&原発戦争』に突入し、三度目の大改革、大維新に向けての日々が始まったのだ。その〝覚悟〟と〝日常〟を持つことだけが、日本の、我々の生き残る道のような気がしている。

第4章

南の島で、暴力に走る若者を考える！

まさかの映画出演

ホームページにも記しているのだが、2002年に私は映画出演を果たしている。この話は以前にビジネスマンクラスのホームページでも触れられたのだが、総本部ビジネスマンクラスの師範代であり、東京大学大学院教授の松原隆一郎氏からの紹介からだった。

その松原氏がとても現代的なテーマである「暴力」、これは単なる「暴力的な暴力」ではなく「力」とか「身体」といった人間の持つ物理的な一面を、インパクトのある表現にするために使った言葉について新聞で触れたところ、『青の門』という映画でこれまた現代的な問題である「閉じこもり」の問題を扱い、第34回ヒューストン国際映画祭正式招待コンペティション部門／Silver Awardなどを受賞。さらに、社団法人・中央青少年団体連絡協議会推薦や文部科学省選定（青年の部）などにも選ばれた監督・脚本・編集の坂口香津美氏から、最近の若年層による異常な犯罪を題材にした「暴力」について考える映画への協力要請があったということだった。

そこから「暴力」ではないが、それと表裏一体の、若年層の情感喪失とでもいった、情愛の希薄な風潮から生まれる社会的問題・事件について思うところがあり、しばしばそのテーマの講演をしていた私に、その話を聞かせてほしいということになった。

そこで、持論の「人間は感情を持った肉体というものがあって、人間たりている」とか、「男が雄として力(暴力)を持った怖い存在でなくなり、子供が男親を単なる月給取り（エサを集めてくる鳥）としか捉えなくなり、母性を前面に据えた『優しさ至上主義』とでもいった社会を作り、結果的にしつけもできなくなった」、「それが今日の、自分たちの年代の感覚では想像すらできないような、親（大人）を親とも思わない、世の中の厳しさを知らない、傍若無人な若者を生んだ。ひいてはそれが凄惨な事件や事故に繋がっている」などと述べると、賛同を得たのだった。

そのうち、自主映画であり文芸作品なので、資金的に余裕がないこともあったようだが、「東さんが体験され、感じられた話を聞いて、この役は実際に辛い思いをされた東さんにやってほしい」との話になった。

まさか私もいくら自主映画だろうと、柄ではないし、世界大会の前でもあり、とてもそれどころではないと断った。

ところが、その後何度も、「スケジュールに関しては東さんの体が空く時期まで待ちます」、そして「本当に現代のそういった現象を憂いているのなら、是非ともそれを多くの人に訴えるべきでしょう」と熱心に頼まれ、ストーリーについても聞かされ、決して話題性だけを狙った映画ではないと分かったので、

「日頃から自分でも感じていた、この問題に何等かの役に立つのなら……」といった気持ちが生じてきたのだった。正直なところ、私自身、これまでは世界『空道』選手権大会を成功させる！　との一念で走ってきたものの、「このあとは何をすれば前を向けるんだ」といった心情があったのも事実だった。

この映画は、少年犯罪における「罪の償い」のあり方をテーマに、加害者側の家族のその後の生き方を描いたドラマで、『カタルシス』という題名で、２００３年に劇場公開されている。映画のストーリーを説明しておこう。

九州のある島を出て、東京で結婚をした母親・大野永遠子《とわこ》（山口美也子）の子供・南青紀《なおき》（尾上寛之）が少女殺人に至り、少年院に入れられる。しかし家庭が崩壊しているため、仕事一筋で正に〝月給鳥〟だった父親・由紀夫（真那胡敬二）には家族をまとめる何の力もなく、南青紀が出所してきても、全員が名前を変えて一家離散して

暮らしていたところ、母の祖母・なぎ（中脇ケイ子）が危篤ということで、一家は久し振りにフェリーで島に一緒に帰ることになった。

その島はその少年が幼い時に預けられ、その祖母に可愛がられた想い出の島であったが、何日か一緒に暮らしていても家族は全く心が通い合うことはなかった。

一方、同じく都会に出てタクシーの運転手をしていた永遠子の弟・悟史（東孝）がいる。事故で息子を失って傷心のまま帰った島で出会い、心の傷を癒された娘・渚（川上麻衣子）と所帯を持ち、娘二人、長女・まひる（谷口舞）と次女・果蓮（園田萌絵）がいて、厳しい自然との闘いだが、漁師をして、家族が一体となった穏やかな家庭を築いていた。

この弟が、義理の兄と甥の父子共々が、犯した罪とも向かい合おうともしない、余りに感情のない冷めた人間性に我慢できなくなり、肉体を通して生の人間としての触れ合いを、荒っぽい方法で強要する。初めは父子のどちらも反発していたが、痛さを通じて徐々に忘れていた〝感情〟が触発され始め、遂に二人（父親・由紀夫と息子の南青紀）が殴り合いを始める。徐々にだが日一日と生身の人間としての感覚が甦ってきて、最後は本当に互いに詫び合い、心から許し合うようになる。しかし人間としての感情が甦るということは同時に、犯した罪の大きさに目覚め、向かい合うことである。

やがてある日二人は遂に、海に向かって歩き始める、というものであった。

このストーリーを読んだ時、私が日頃から口にしていることが入っており、結末も納得のいくものであったこともあり、次第に「調子に乗って、などと思われたり、下手で笑われるだろうが、やれるのなら、やらなくてはならないんじゃないか」と考えるようになり、出演を決断した。この辺が私の〝トンデル〟〝変わってる〟〝普通じゃない〟〝己を知らない〟部分なのだろう。

ロケの日程的には、ほぼ三週間ほどかかった。そこで、この時の日記を当時、『収容所日記』という題名でホームページで掲載したところ、好評だったので、改めて一部手直しして紹介したいと思う。当時も教育に欠かせないことを書いていたかが分かっていただけると思う。

収容所日記スタート

1月6日（日）　出発日

午後2時。いよいよこれから出発だ。何とかなるさ、という気持ちと、いくら趣旨に賛同したとはいえ、何か俺は、全く縁のないものに手を染めて、終いにはとんでもない赤っ恥をかくんじゃないかという、新しいことに手を出す時の逡巡が、いつものように今更ながら生じる。

しかし、これまた世界は違っても同じ人間がやるものだ、どうにかなるだろう、というこれまた、いつもの〝懲りない〟開き直りで、近くで最高師範（妻・恵子）と最後の晩餐？　ならぬ午餐を済ませて、荷物を背負い地下鉄に乗り込む。車内は正月ともお別れの日曜日とあって、街へどっと繰り出した家族連れでいっぱい。今年も始まってしまったんだなと、改めてため息。

午後3時。羽田発の飛行機で午後5時鹿児島着。鹿児島同好会の笹峯君が三人の自衛隊員の塾生とで出迎えてくれる。そのまま一時間ほどで鹿児島市内のホテルへチェックイン。

早速近くの居酒屋で合流した他のメンバーと、例によっての武道・格闘技談義。あとはいつもの通りなので省略。但し明日の台詞《せりふ》（！）のことを考えて、演歌は一曲しか唸らなかった。

種子島自然の家へ収監

1月7日（月） 初日

午前7時45分。ロビーに集合し、タクシーで鹿児島港へ。ホテルの近くは、多くの明治維新の功労者、元勲たちの生家のあった鍛冶屋町なので、途中、大久保利通翁の左手を腰にして右手である方向（日本の進むべき道ということなんだろう）を指し示している、例のチョット日本人離れしているカッコイイ銅像が立っていた。

以前『大道無門』（ＪＩＣＫ出版）の中でも書いたが、今回のタクシーの運転手さんもやはり〝情〟の西郷、〝理〟の大久保で、人気では西郷さんのほうが圧倒的だと言っていた。司馬遼太郎が、「日本のグランドデザインを描いた大久保のほうが、日本にとって遥かに重要人物だった」というようなことを書いている。私も西郷さんは好きだが、日本の進路ということを考えた場合、この時は大久保利通のほうが正しかったのだろうとは思う、がだ。

11時30分出発。船中は何もすることがないから、いつもの夢想タイム。

国内的には大分薄れてきたとはいえ、この小さな国が聖徳太子の「和を以て貴しとなす」ことで、世界に伍してきたという歴史からくる漠然たる集団主義的国柄が厳としてある。

一般的に日本人は平均して優秀だから、あまり強力なリーダーシップを好まない。昼行灯《あんどん》のように一見、茫《ぼう》としていて、しかし押さえるところは押さえるという人物像が好きだ。西郷は元より、忠臣蔵の大石内蔵助、日露戦争時の大山巌など、日本型のリーダーとして、いわゆる「馬鹿になれ」と言われる由縁である。しかしそれではこれからの時代、海外からは「顔が見えない、誰がリーダーなのか分からない」と言われ、挙句、アメリカや中国、韓国辺りからは、高飛車に出るか脅すに限るなどとなって、一方的に交渉事を押し切られたりしている。難しい所だが、今はそのどちらにも一貫していないところが問題なのだろう。

「和」というほどの連帯感はない、しかし、個人主義、合理主義に徹し、能力主義で全てを割り切るほどにはドライになれない。ましてや維新の頃は非常時だから、四の五の言ってる場合じゃないと、〝暗殺覚悟〟で徹し切れたのだろうが、今は似た状況だが、その〝覚悟〟は戦後教育で雲散霧消した。かくして日本よ、何処へ行くとなっているのが現状だろう。

　また下手の横好きで、こんなことも考えた。年末のテレビ東京の10時間ドラマ『壬《み》生《ぶ》義士伝』（浅田次郎原作）は、貧困から新撰組に入り勤皇の志士を切りまくる盛岡藩の脱藩浪士を描いた物語だが、このドラマでも西郷や大久保が明治維新の英雄とされていることに疑いはないが、見方を変えれば、尊王の志が強く、既に自ら三百年の歴史を擲《なげう》ち大政奉還（政権返還）し、恭順の意を示している（これまた戦う前に逃げたという言い方もある）徳川慶喜に対し、岩倉具視《ともみ》などと謀り、倒幕の詔勅《しょうちょく》を発せしめ、無理やり攻め倒した理不尽な人物とも言える。もちろん、彼らにとっては中途半端に徳川を残したのでは、本当の改革はできないという、いわば〝確信犯〟だったのだろうが……。

　まさに「歴史は勝者が作る（創る）」である。しかし「勝てば官軍」という嫌な言い方もあるが確かに「正義（自分にとっての大義）を通したいのなら、先ず、とにかく勝たなければならない」と言うことなのだろう。

　しかし、政治と文化は違う。勝つにしろ「目的が手段を正当化する――目的が正しければ成功するためには何をしても良い」とは考えたくない。現実認識が甘いのかもしれないが、充分な〝力量〟さえあれば堂々と戦い、勝つことは可能だと思うのだ。

などと考えながら、船は種子島の西之表港に着いた。

着いた途端に、夢想しているどころではない、早速慣れない種子島弁でのシーン。大体この監督さん、初めは話だけ聞きたいと言ってきたのに、いつの間にか趣旨に賛同してくれるなら、低予算なので塾生を刑事役などで協力してほしい、となり、終いには、大して台詞はないから本人にも出てもらいたいとなった。

全くそんなことを考えてもいないうちに、ファックスで、「それではこれがスケジュールです。台本です」と矢継ぎ早に送ってきたのである。

確かにこの映画は今日的テーマではあるなとは思いながら、世界大会に気を取られているうちに、既成事実になってしまい、いつの間にか引っ張り込まれたという〝恐ろしい〟監督で、他の人の話を聞いても、大抵はそれで連れてこられているようだ。

一言、二言喋るのに、何とか三、四回やり直して一時間ほどで、やっとＯＫが出た。そこからまた一時間ほど車に揺られて、映画の大きなロケ場所である沼の神社にスタッフ全員でお祓《はら》いを受けに。

その後30分して宿舎となる『種子島自然の家』着。ここは廃校となった島の中学校を、教室をそのまま二つ、三つに分割して部屋にしたような施設だ。グラウンドも200メートルほどで砂地があり、走るには何とかなりそうだが、宿舎は未だ工事中ということもあり、大道塾の合宿所、茨城県の阿字ヶ浦クラブが高級に思えるような、正に言葉通りに〝有り難い＝有るのが難しい〟宿舎だ。

子役たちは都市伝説の『教室の花子さん』の話題で盛り下がって（?）いて、遂に二日後に近くの民宿に引っ越した。

素人役者は悪戦苦闘

1月8日（火曜日）　二日目

午後2時。今日は前日午後に着いたフェリーに積んでいた車を先導して、隠れ家まで山道を走るシーンで昼過ぎから撮影。そのあと、前半のクライマックスシーンの一つ、農道での撮影の予定だったが、急に雨が降り始め、粘ったが中止。たったのワンシーンでお終い。これで予定通りの期日に東京に帰れるのか心配になってきた。

午後8時。ワゴン車で片道15分かかる近く！　の風呂へ。これも「サバイバル」とか、

「足るを知る訓練」とでもいう意味では良いが、右膝の外側靭帯と太腿の裏がパンパンに張って痛い。これは腰椎のズレからということなのだ、マッサージやカイロがないのは辛い。

1月11日（金曜日）　五日目

午前5時起床。いつも東京では三～四時間ぐらいで自然に起きるのに、あまりに健康的な日々を過ごしているからか、ここんとこ五、六時間も寝ている。太んなきゃいいが、走れないし、困ったな～。7時まで顔を洗ったり、メールチェックしたり。相変わらず、パソコンの調子が悪い。そのうえ携帯しか使えないから一回繋ぐと１０００円から１５００円もかかる。割に合わない〝仕事〟だ。

8時より家から送ってきた品物に入っていた格闘技雑誌に目を通す。東京でも余り良い読者ではないが、ここにいると全く異次元の世界のような気がする。

9時より「出勤」準備。今日はどうなるものやら。10時より悟史（自分の役）の家のシーン。家族で夕食を食べながら、これからを心配する場面だ。今まで以上に方言での会話が多くなる。東北弁なら台本なしでやるのだが……。そして「問題」のシーン。被害者の家族へワープロを打ち、夜中に寝室に入り、子供たちに蒲団をかけてやり、妻の隣に、当たり前だが寝るシーン。

当初はかなりきわどい台本だったのだが、東京の本妻（カーチャンがメールで書いてきたまま）が怖いし、弟子にも羨ましがられて（言うことを聞かなくなられると、今以上に余計な手間がかかるので）、監督に強談判して、ただ〝寄り添うだけ〟にしてもらったのだが、残念無念という思いは残る。

そんなこんなで、結構予定より早く撮影が終わったし、膝も昨日休んだからか〝泣き言〟を言わないので、二時間ほど練習ができた。その後、夕食から風呂へ。良い気持ちで帰ってきたなら、「明日の台詞です」といきなりA４用紙を一枚渡された。

「冗談じゃないぞ！」と言ったところで、他の役者さんたちが一心不乱にしかめ面をしてやっているのに、いくら俺だと主張しても、この世界では三下奴みたいな自分から「カラオケだ！」とも言えないので、それから二時間みんなに混ざって、カーチャン─妻・渚役《なぎさ》の川上麻衣子さんと種子島弁での顔を付き合わせて台詞の勉強。

ほうほうの体で部屋に戻ると、本妻から行動確認のチェックメール。本妻も東京では一気に最高師範としての力量を試されているうえに、俺の行動も心配なので、ストレスが溜まるのだろう。とにかく〝ウルサイ〟T松と一緒に、何とか本部を頼む。

それにしても明日はどうなるものやら、知らん！　てな感じでおやすみ。深夜０時30分就寝。

仕事（撮影）のない日の体の鍛錬

1月13日（日曜日）　七日目

今日は「出番がない」ということなので、爽やかに気分良く起床。８時までに食事を済ませて、電話帳でアスレチック施設とカイロプラクティックを探すが、アスレチック施設は島の何処にもないようだ。

体育館に電話して中種子《なかたね》地区に二つあったので一つに電話するが「現在使われていません」ときた！　二つ目もなかなか出ない。まさか日曜日だからかなと、チラッと思ったが、何度か掛けてやっと繋がる。

恐る恐る「ウェイトトレーニングをしたいのですが？」と訊ねたところ、「トレーニングルームにマシーンがありますよ」という、ありがたいお言葉。しかし、カイロプラクティックは、そのまた先の島の中心地、西之表市にしかないようなので、トレーニング後に行こうと決める。

仕事用の車を使うのも気が引けるので、レンタカーを借りて、40分ほど走って勇んでトレーニングルームに入った。

まず、ランニングマシーン、但しモーターなしで30分、3・5㎞（遅くなった〜、往年の半分だな、ガッカリ）を走って、それから上半身とベンチプレスをやろうと思ったが、何とワイヤーが切れていて使用不可。

仕方がないので、拳立て50回とバタフライとラット各15回を5セット。次に下半身、スクワットをやりたかったが、器具がないので、レッグプレスとニーエクステンション。それと初めて使った膝で持ち上げる機械の3種類を5セット。

ところが、これもレッグプレスの重しを上げる帯が延び切っていて遊びが多過ぎ、あまり負荷が掛らない。仕方ないからニーエクステンションを多めにやったが、スクワット後のあの腿がパンプする快感は得られない。その後、基本とストレッチをやってマッサージベルトを掛け、約二時間の練習を終えた。

それから、また30分ほど車で走ってカイロプラクティックへ。施術を受けたあと、

種子島にて。漁師姿の筆者。役者っぽく見えるだろうか…。

近くの西之表市の体育館を下見したら、立派なマシーンが置いてある。初めからこっちにすれば良かったと思ったが、またこの次とあきらめる。

その帰路、弟子のIが東京から「先生、何かおいしいシーンがあるそうで」と意味深な電話。「馬鹿、コノ！　不純なことを考えているんじゃねー」と。その二日後、今度はKからも同じような電話。（チミたちはとうてい〝芸術〟には縁がないからなー）と悪態をつく。

結局、午後5時過ぎに帰ったが、まだ昼飯を食ってないのに気がついた。今更昼飯でもないと部屋の片付けをして、そのまま風呂へ。何と昼飯抜きだとはいえ、体重が86kgまで4kgも落ちていた。やったー！　また飯を食えば増えると はいえ、確かに大した練習もしていないのに、体重が増えてないのを感じてはいたが、台詞覚えのストレスというのは、体重を減らすのには結構良いかも。病みつきになりそう⁉

帰り道に、「明日も午前中は撮影がない」ということを聞き、我慢していたノドがとうとう疼き出し、いつも風呂帰りにネオンが眩しかったカラオケスナックへ。

衣装さん（業界用語が自然に出てくるね、怖いね）が山形県出身、川上麻衣子さんのマネージャーのKさんが福島県出身で、しかも同じ年ということで、『奥羽列藩同盟』を組んでいたのだが、人が歌っているのに、聞きもしないで、自分の歌を探しているから、「奥羽列藩同盟、解散だ！」などと騒ぎながら、十曲ほど〝がなっ〟た。

そのうち地元の祭りだそうで表を練り歩いていた集団の中から顔を手拭いで隠した女の人が二人入ってきて艶っぽく踊り出した。お捻りを渡すと、「明日が成人の日で休みだから、今日にした」と話してくれたが、何処でも伝統行事の継承には四苦八苦しているようだ。何にせよ地方独特の行事を見られたことは収穫だった。それにしても、島にきて八日目でやっと、人里に降りてきた態のような気がした日だった。深夜1時に就寝。

1月17日（木曜日）　十一日目

午前3時45分起床。いつものようにメールチェックとこの『収容所日記』の執筆。6時30分～8時までトレーニング。9時出発。

今日は、海岸のシーン。せっかく隠れ家に匿《かくま》ったのに、表に出てしまい、村人に見つかった姉を叱りに行くシーン。「怒りを込めてズンズン歩いてほしい」と、これは地でいけば良いから一発ＯＫ。

長女役のまひるは、テレビ朝日の二時間ドラマ『君の手がささやいている』の主役を務めた谷口舞ちゃん。娘役だが芝居では先輩だから、流石と感心することがしばしばだ。

次女役の果蓮は、地元、種子島でのオーディションを通った、まだ幼稚園児の園田萌絵ちゃん。劇中、まひるの真似をしてオウム返しに話すしぐさが本当に可愛い。

その他のシーンを撮っている間、『諸君』2月号の「サンフランシスコ講和条約50年」という特集で、「日本の国格―東京裁判と吉田ドクトリンを超えての『ハンディキャップ国家でいい』と嘯《うそぶ》く高官の実名」を読む。その中で、軍事をアメリカに任せて経済に集中するのが、日本にとっての賢明な選択だとした、いわゆる『吉田ドクトリン』は確かに敗戦後の選択としてはやむを得なかったかもしれない。

後日、吉田茂首相自身、側近に「日本が今日の様に、独立して、経済大国になったからには、国際的に見ても自分の力で国を守ることは必要だ」と言った。しかし、今でも政治、経済、文化を呪縛《じゅばく》し、政治は問題を先送りし、小手先の対応で凌いでいる。日本はこれから、いかに生存していくかという、重大な時期を迎えている。

同じ敗戦国であったドイツは、「ドイツだけが特殊な事情で国際的責任を逃れることはできない」と問題に直面し、「その解決のみならず、枠組み自体を作り変え、欧州を代表する国家に返り咲いた」とか、高坂正暁の遺言、「やがて『精神の崩壊』につながる—憲法の改正を考えずに現実対応主義でできる内はそれで良いが、ある所を超えれば、それが精神の崩壊に到る」等などを読み、一々納得というところだった。

後半の記事の「向田邦子の描いた〝家族〟の復権はなるか」で、父権というものが消滅した原因を『スポック博士の育児書』と『給料の銀行振込みだ』と書いてあったが、それも原因の一つではあろうが、第一の大きな原因は上の諸々とともに、特に、〝力〟

を全て否定したために、父と母の区別（差別ではない）が無くなったからだと思う。

それにしてもこんなに本を読む時間が取れるなんて東京では考えられない。それよりも、空手を始めて三十年になるが、こんなに道場を離れたのは初めての経験だ。

午後は、村人たちが突然、南青希とその家族を許すような行動に出るところが納得できない、と役者さんと監督の議論で四時間程（！）平行線で、二つの場面の予定が一つの場面しか撮れなかった。とうてい自分のような常識人（？）には入りこめない監督独自の幻想的、抽象的世界だ。

宿に戻って、気分転換に焼酎『魔王』を生《き》でコップ三杯程飲んだら、少しは気分が回復した。適当なところでシャワーを浴びて出てくると、衣装室のほうで、聞き覚えのあるヴァイオリンの音色、何と、この映画に特別出演している、米国ヤングコンサート・アーティスト国際オーディション第1位、チャイコフスキー国際コンクール・バイオリン部門で優勝という、ニューヨーク在住の国際的ヴァイオリニスト、神尾真由子嬢が生で、しかもあの名器、ストラディヴァリウス（下世話な話だが、2億5000万円！）で、クラッシックファンの人気定番、メンデルスゾーンのヴァイオリン・コンチェルト、ホ短調作品64を弾いている！（それとも、チャイコフスキーの二長調作品35か。見栄のためにも何度も曲名を覚えようとするのだが、テープの両面に入っていて、自分の耳には物凄く似て聞こえるので、いまだに覚えきれない）

何かあったの？　と驚かれながら、大急ぎで二階の部屋へ駆け上がり、ビデオカメラを持って衣装室に戻るともう終わっていた！　焼酎も入っていたからだが（この落差！）何とかもう一度と頼んで、ビデオに収めさせてもらい、感謝、感激！　まさか、ここでこんな経験をするなんて。この映像は間違いなく我が家の貴重な映像の一つになるだろう。気取る訳ではないが、こう見えても俺は演歌だけでなく、結構〝クラッチック〟（クラッシックと言えるほど上等じゃない）も好きなんである。

この曲は以前、ウィスキーの宣伝でその旋律が流れて以来の My favorite classic の一つだ。実に多くのクラッシックの名曲がコマーシャルに使われるから、聴いて良いなと思ったならその曲を調べて見ると、普段は全く縁のない文化の香りぐらいはかげるものだ。

その後、前から誘われていた、悟史の〝漁師の先生〟の家へ行き、大きな伊勢海老や烏賊《いか》の刺身と、三峰《みね》という焼酎を飲まされた。自分の撮影シーンはすぐに終わり、途中、横道にそれた一日だったが、夜は幸せだった。11時45分就寝。

映画に初出演し、川上麻衣子さんたちとの共演。この時ほど、弟子たちに、羨ましがられることはなかった!?

1月19日（土曜日）　十三日目

やはり、昨日寝るのが早かったから、今朝は3時30分起床。4時よりメールチェック。

先日帰った例の神尾真由子嬢の、恐らく一緒に来ていたお母さんからだろう、「映画出演楽しかった」旨のメールが入っていた。続けて「技術を通して自分を表現し、人間を練り、人生を生きる、という意味において、武道家も、芸術家も、技術者も共通のものがあると思います。焦らず、弛まず歩いてください」と。お母さんには、「才能を育てるご苦労も大変だと思いますが、頑張ってください」などと年を嵩《かさ》に偉そうなことを返信した。

8時から、村人から隠すためとはいえ、大野家をあばら家に連れてきて住まわせたことに対する罪悪感を表現するように、などと本物の役者さんでも難しいことをまたも要求する監督サン。

続いて、絞めた鶏肉ですき焼きをふるまうと、生物が殺されることに敏感になっている南青希の妹、花鷲見《かすみ》が拒否反応を見せるシーン。

自分は台詞がないので、演じている動きはかなり臭かった筈だ。あれば覚えるのが大変だし、なければ動作がぎこちないし、オラ知らん！　撮影が進むにつれ腹の具合が悪い。使い慣れない神経を使ってるので、胃が参っているのだろう。これは虐《いじ》めだな！

この花鷲見役の斉藤麻衣ちゃんは、映画『千年の恋―ひかる源氏物語』の紫の上の役や、特撮映画『ウルトラマン』のヒロインをしたりの、これまた大物子役だ。可愛い、綺麗、美しい、とが一緒になって、お嬢さんやお姫様役が似合う〝女の子〟と〝美人〟という言葉がぴったりの〝大人の女性〟の中間にある高一の子だ。

午後もワンシーンあって、例の物凄く長い台詞をさせられると、繊細な神経をビクビクさせていたなら、突如として「ああ、あれはなくなりました」と平然と言う監督！

それでもこの時ばかりはこの〝心変わり〟がありがたかった。できればあんな重い台詞からは逃げたい。19時から夜の撮影。

東京の本妻から、これからビジネスマンの新年会に行ってきます、の電話あり。俺にこんなことを押しつけた〝某〟東大教授も出席してガブガブ飲むんだろうな〜、チキショウ！

午後9時に帰ってきて、シャワーを浴びたら、ここの管理をしている本物の〝元先生〟のH氏とその教え子のIさん、それに、今回ボランティアで料理長をしていてくださる陶芸家のI氏たちが、「一杯飲りましょう」と待ち構えていてくださったので、今日、東京から届いた〝モルツ〟を持参して（南種子町の酒屋にはモルツがない！）、焼酎と一緒に深夜1時過ぎまで、昨今の〝わけーもん〟の横行を憂いながら、いつもの武道教育の大事さを捲くし立てたが、元先生の〝げんおじ〟にも同意していただいた。深夜1時30分就寝。

残り刑期、四〜五日

1月23日（水曜日）　十七日目

3時起床。下の食堂に行ったら、スタイリストのスタッフが三人いた。「オッハー」と声を掛けると、「これから寝るんです」ときた。彼らも連日睡眠四、五時間で頑張っている。

3時30分より、パソコンの前に座るがメール、また、調子悪し。仕方がないから昨日の分の作文など。それにしても島の天気は変わりやすいというが、本当に一日十回くらい変わる。今朝は雹《ひょう》だ！　あの日光浴をした日々はどこへ行った？

今日は元々午前中撮影がないうえに、他の人たちの午前中の予定が午後に順延されたため、午後4時過ぎまで待機。ないならないで別のことをするんだが、待機というのは、いつかは呼び出されるので、そうもリラックスできない。待ち構えているのも疲れるとは、流石「収容所」である。

暇なので例によって本を読んだり、17日の続きを考えたりした。憲法問題などという〝畏《おそ》れ多い〟ことについて半可通の自分が物言ったりしたなら、専門的に研究している人たちに何を言われるか、どれだけ小突き回されるか分からないので、余計なことは言わないようにしてきた。が、暇だと余計なことを言いたくなるものだ。その程度の話として聞いてもらいたい。

さて、憲法を常識的な頭を持った人間が、常識的に読めば「戦争はしない、軍隊は持たない」と言っているのに〝自衛隊〟などというまさに〝言霊の国（井沢元彦『逆説の日本史』参照）〟を絵に描いたような言葉を創り、存在させている国日本。少なくとも、金額的には軍事費で世界第6位の、立派な〝軍隊〟を持っているのに、これは軍隊ではないなどという、正真正銘の詭弁《きべん》が罷り通っている。内面的にはどうか判らないが、一般的に自衛隊を始めどんな組織でも〝誇り〟を持たせないで〝命懸け〟を前提とした仕事はできない、と自分は思う。

事実、海外では、SDF - Self Defense Forces（自衛隊）などという〝学術的〟言い方より、単純にJapanese Army（日本軍）と呼ぶ人が圧倒的に多い。こういった戦後の詭弁（政治姿勢？）が「何でもあり」や「四の五の言わないで、やったもん勝ち」とか、自民党の政策に対し「理屈はあとから列車でついてくる」と当時の民社党、春日一幸談といったように、詭弁がまかり通り、訳の分からない、筋もヘッタクレもない社会風潮を生んだのだと思う。

これが、前述した高坂氏の論「（憲法）問題に根本的に対応しないで、現実的対応のみを続けたなら、やがて精神の崩壊が始まる」と言うことなのだろう。

夕方6時より、〝殺人者〟である南青希が、海辺で救った若い妊婦の赤子が生まれる姿を見つめる。徐々に生命の尊厳に触れて、自分を取り戻して行く。本物の生後十日の赤ん坊だったので、本当に感動的な場面だ。思わず胸が詰まりそうになった。あとで真那胡さんに、「東さん、思いが伝わりましたよ」と言われた。

午後8時宿舎。9時30分までシャワーを浴びたり、飯を食ったり、晩酌をしたり。部屋に戻りメールチェックして11時30分。さて就寝前の寝酒、のつもりで下に降りたら、例によって真那胡さんや若いスタッフが、一緒に焼酎を飲みながら語り合っていたので、チョット一杯で1時30分まで。

1月24日（木曜日）　十八日目

1月23日の分、確かに打ったはずなのに残っていない！　クソー、再度アップするため、昨日の起床時間は？　と思ったら、即出てこない！　前後関係を考えて、昨日も３時に起床し、メールチェックしたことを思い出す。ショック！　８時、今日の第一陣の出発を見送って、朝飯。

昨日、身重の若い妊婦・明日香役をやった、鹿児島在住のタレント、木地山まみチャンが、今日帰って、あとは鹿児島で合流しての撮影らしくて、お別れの挨拶をされた。そう言えば昨日は若いスタッフが盛り上がって（燃え上がって？）たな〜。夜中にいきなり撮影会になって、〝オジン〟の俺と真那胡さんも借り出された。

「若いということは、それだけで、大変な価値を持っている」などと、自分もこんな年齢の時はよく言われ、

「何言ってやがる、それどころじゃない。こっちは明日がどうなるか分からないのに、自分の分は済んだと思って、悟ったようなこと言うな！」などと可愛くないことを思ったものだが、彼らを見ると、本当にそう思う。いろいろ悩みや苦しみはあるのだろうが、逆にそれは、仕事があとどれだけできるか、残りの年月を考える俺ぐらいの年になると、本当に羨ましいことだ。

明るく振る舞っている彼らも一人になれば、仕事、勉学、恋愛、人生など、現在や将来についての悩みや考えることが沢山あるはずだ。またそうでなくては、一見すると、

楽しいことが多過ぎて、何をしたらいいか分からない程に多くの刺激がある現代では、目先の流行に、正に「流されて」しまう。

まだ日本が貧乏だった自分たちの時代は、いろんな意味で、選択肢は限定されていて、その中で何とかもがくしかなかった。それはそれで悔しい思いもしたが、逆に言えば、選択の幅がないだけ何かに集中できたから、少ない能力も何とか〝ものになった〟のだろう。（まさか人一倍〝外れてた〟俺が、武道を通じての社会教（体）育なんて言うとは誰も思わなかっただろう……）

今の連中はこの刺激の多い日々を、自分を失わないで先を見据えて生きなくてはならない。よく、路上やコンビニの前で何をするでもなく〝へたって〟何か面白いことないかなぁ、といった風情の連中を見ると、子供の頃から情報過多時代で、マスメディアを通じて価値あるものを数多く見過ぎて、それで自分も既にそれを実際に経験してしまったような錯覚に陥ってしまって、新たな刺激とか感動というものが生まれないのだろう。逆にくだらないことを見過ぎて世の中こんなもんだぐらいに思ってしまい、物事に対する感性が鈍ってしまっているから、少々のことでは熱くなれない。

目標や目的を見つけられない。そのため、ただただ、貴重な時間を無為に浪費している。本人たちは、何かそれなりに、自己主張してるつもりなのだろうが、傍で見てて可哀想になる。かといって変に目先ばっかり計算して、小さくまとまってほしくもないが……。

精いっぱい悩んで、苦しんで、挫折して、立ち上がってを繰り返し人生を味わってほしいものだ。などと、こっちにきて〝わけーもん〟と四、六時中、一緒に生活していると、本当にその眩しい若さに圧倒されそうになる。

しかし、俺も端緒についたばかりの、この「空道」を世に定着させるまでは、まだまだヘタッチャいられん！　よし練習するぞ！（単純だね～）と10時に約一週間ぶりで良い天気になったグラウンドに飛び出した。チョットここのところ、自分の基本や動きをチェックしてないのでビデオを撮りながら映像を確認する。まあ、まだ何とか人前でやってもいいだろう。

午後1時に昼飯。午後はカイロプラクティックに行こうと思っていたが、あいにく今日は休診日とのこと。また、時々転寝《うたたね》しながら本読み。贅沢な時間だ。しかし、本当に、文化は暇と贅沢（ここは、じゃないが）の中から生まれるんだな、いろんな屁理屈を覚えるもんなぁ。俺もこのまま行ったら文化人になれるんじゃないか？　元不良のA氏（公言しているから問題はなかろう）が、「留学（獄）中」に猛勉強し、今のような立派な作家になったという例もあるしなー、何て思いが次々に浮かんでくる。

ま、東京に帰って、また野蛮人どもの相手をしていると、そんな悠長なことも言ってられんがね。

夕方から地元の〝ドント祭〟ということで観に行ったが、5時と7時を間違えたらしくて、ちょうどいいだろうと思って行った8時頃にはもう大方終わっていた。しょうがないから明日の台詞のため（？）にも喉を鍛えようと（鹿児島の時とは違って、もう余裕だね）、今回の二度目の出張カラオケ。そしたら、先日行った時、「俵星玄蕃がないのは、修行が足らん」などと、酔った勢いで言ったのを覚えていて、そこのママさんがわざわざ鹿児島からレーザーを取り寄せていてくれた！「（西城）ヒデキ感激！」じゃないが「サトシ（悟史）感激！」（カーチャン安心しろ、ここのママは、俺より〝先輩〟だからと内心声を掛け）、ここぞとばかりに激唱した。帰って深夜0時30分に就寝。

１月25日（金曜日）　十九日目

４時起床。４時30分よりメールチェック、返信、作文、調べもの。今日も昼からで、あと出番は三シーンだ。７時に朝飯と思い、洗面所で鏡を見たら、昨夜、がなり（飲み唄い）過ぎたためだろう、顔が張れている。

これじゃイカン、〝役者は顔が命〟だからな（カー、こんなことを一回言ってみたかったんだ！）と、朝錬をすることにした。（動機が不純だな、と自分でも思う）

９時までランニング、拳立て、スクワット、基本の定番のあとは、このところ研究している路上のコンビネーションや、いわゆる、対刃物を想定しての護身等で二時間。10時からシャワー、朝飯、洗濯、部屋の掃除。11時から12時までパンクレーションに関する新しいメールへの返事。12時30分出発。

今日は、暗黙のうちに俺たち山口家に花鷲見と昴を託し、集落を出る（旅立つ）大野家との会食風景。

患篤（重く患っているカントク）さんから、焼酎は本物ですから、本当に呑んだほうが良いと思う人は飲んでくださいとのありがたいお言葉。なかなか話が分かるじゃないか、そりゃ当然、飲まなきゃ感じが出ないでしょう、俺は役者じゃないんだからと〝ぐいっ〟と飲ったら水（！）だった。クソー！　今に殴ってやる。その後、先日の灯篭流しの所がお気に召さなかったようで再録。

戻って、今日は遅いので、風呂には行かず即、ビール。それから焼酎。ここ南種子の焼酎は屋久島の高い三つの山から命名した『三嶽《みたけ》』が代表的だ。高いのは『魔王』、さらに高い幻の焼酎と呼ばれているのが『森伊蔵《もりいぞう》』─良いネーミングだね。センスを感じるよ、と一頻《ひとしき》り焼酎談義。俺はジュクチョー（チクショウではない、念のため）として、みんなの教養を高めようとしていろいろ小難しいことをいっぱい書いてんだから、塾生は良く覚えろよ、と念を送る。飲んでいると、照明の佐藤譲《ゆずる》さんが、「明日雨の場合は午前中撮休」と宣言！

やったー雨に決まっている、いや絶対降らせてやるとばかりに、しかし、明日早番になる可能性のある大野家は誘わず（スンマセン、この埋め合わせは必ずしますから）風邪で少し調子が、という渚を〝Going─強引〟に誘ってカラオケへ繰り出す。（カーチャン心配すんな、マネージャーの黒さんも一緒だから。いや少しは心配させたほうがもっと、待遇も良くなるか？）

流石、渚ちゃん、本物の俳優さんだから上手い！　目を見詰め合って、デュエットまでしちゃった！（スミマセン、全国の塾生諸君！　しかし俺も負けてはいなかったぞ！　って、誰に言ってんだろ）、また結構、渚ちゃんは体育会系だから、あっさりして話も面白い。聞けば、「格闘技や武道の試合を見るのは好きなんで、ぜひ機会があったら、道場にも行ってみたいし、試合も見たい」とのこと。大変だ、選手が張り切って殺し合いにまでなんなきゃいいけど。

歌も今日はゼッコウチョーだ。定番、『大利根無情』、大友柳太郎の映画の画像付きだから、「妙心さま、なんで平手さんを止めてくれなかったんでござんす、お玉が池の千葉先生から、破門を許すと情けのお便り、一足違いでお見せできなかったは、繁蔵の不覚、一生治らぬ心の傷でござんすー」も気合が入ったね。『酒と泪と男と女』だって、高い音程も昨日の特訓のお陰で良く伸びること、伸びること！　何で歌手になんなかったんだろうなぁ、俺は。今宵は十曲くらいで満足、満足。10時30分に帰宿。０時に就寝。

1月26日（土曜日）　二十日目！

６時起床。一昨日、昨日と結構良い練習しているし、カラオケも良かったものだから、六時間も寝た！　それにしても昨日、「奸篤（奸計が多いカントク）さん、みんなでカラオケ大会ってのはないんですか？」と聞いたら、ニコニコして、

「明日、大野家を見送るシーンで悟史さんが見事に号泣してくれたなら考えましょう」

ときた！　そんなこたぁー役者さんだって難しいのに、できる訳がない！　冗談ポイ（捨てる感じ）だ！　そんなこと言うなら、剛球なら投げてやるが……。感得（感覚で動くのが得意なカントク）さんの言っていることは、うちの試合を応援にきた、全く武道経験のない人間に、ちょっと選手が足りなくなったから、試合をしてみろと言っているようなもんだよ、と極めて常識的なことを言っているのに、いや東さんは第二の何とかに、いや日本のロバート・デニーロ!!　になれる人だ、と臆面もなく言う。

よく言うよ、絶対に変だ！　役者はカラオケの時だけで充分だよ、と思っていたら、天は我を見捨てず。今日は見事な雨だ！　雨ならそれらしく誤魔化せるだろう。しかしこの雨の中で、ずぶ濡れになるというのに喜ぶってのも、可笑しい話だ。いや、特に若いスタッフとは一回カラオケやろうと言っていたので、みんなのため（？）にも、頑張るぞー！

ところで、昨日宿舎に帰ってきたら、このホームページを見て、ウェイトトレをし

に西之表まで行くというのを気の毒がり、わざわざスクワットもできるベンチとプレート、ダンベルなどを届けてくれた人がいた。本部のビジネスマンクラスの知人で、先日ビールを差し入れしていただいたＭさんだった。その日も会えなかったので、すぐに電話したが、運転中か繋がらない。ありがとうございました。この場をお借りしてお礼を述べさせていただきます。

今日は計画通り（？）雨で午前中、撮休ですから使わせていただきます。９時～10時30分まで基本、シャドー、上半身。（腰はチョット怖いので道場に戻ってからだ）10時30分出発。現場は凄い雨。こんなフィクションの場面で、泣けと言われたってできる訳がない。それでもジャンバーの上からずぶ濡れになりながらだから、何とか誤魔化せた、だろう。４時まで、二シーンを撮って風呂へ直行し、宿舎へ。５時にやっと昼飯（！）にありついた。

明日、上手く最後のシーンが終われば、午後にはこっちを発つようになるだろうから、その時焦らないように、今のうちに、と荷物の整理をした。

さあ、これからカラオケだなと思っていたが、ところが待てど暮らせど、全然お呼びが掛からない。痺れを切らして食堂に降りて行くと、また〝打ち合わせ〟だ！　ま、明日は、まひるや果蓮、花鷲見、昴らが結構な長台詞があるらしいので、それも仕方がないかと思い直して「俵星（たわらぼしぃーいい）独り（ひとりぃー）しーみじみぃ、飲むなあらばあああ」と湯船の中で独唱だ。

風呂から上がると、スタッフが一人、二人、三人と集まって、四方山話が始まった。みんな、今回の映画の意味を、奸説（わるだくみで説くカントク）に熱く語られ、押っ取り刀で参加した面々だ。中には撮影二日前に、「この映画は社会的に非常に意味のあるものだから」と、俺にと同じ論法で〝折伏《しゃくぶく》された〟人もいたらしい。

いや、その話が面白いったらない。それに輪をかけて、撮影中のあれこれ、ほとんどカントクのエピソードだが、これまた、面白い。南青紀を背負った由紀夫と永遠子が海に向かうシーンで、ヨーイ！　と言って次の、始め！　が土砂降りの雨の中で、いつまでたっても掛からなかったので、真那胡さんと山口さんが恐る恐る振り返ったら、始め、を忘れていたらしい。また別な深刻なシーンを撮っている時、ヨーイと言ったはいいが、カメラ台の上から、そのまま後ろにひっくり返り、スタッフは笑いをこらえるのに大変だったとのこと。

散々、「役者さんに集中させるから周りは話さないで、離れて」などと言いながら、暫くしてカメラや、音響さんが「準備いいですよ」と言った瞬間に、「ちょっとトイレに行っていいかな？」と言って、「カントク、ダメです！」と睨まれ、即座に断られた話。俺に台詞を言わせる時も、「このシーンはこれこれの心境だからこうやってね」と言った舌の根も乾かぬうちに、「いやそうじゃないな、こうだね」と全く反対のことを言って、挙句の果てに「ウーンどっちだろう、どう思う？」―俺は一体どうすれば良いんだよー！

この映画そのものも良いが『蒲田行進曲』（大田区蒲田にあった松竹の撮影所での活動屋―昔は映画関係者を、愛情と、いささかの、胡散臭さを込めてこう呼んだ―のドタバタを描いて大ヒットした映画）に勝るとも劣らないストーリーができるはずだと、みんなの意見が一致した。

俺としては、明日の撮影が上手く行けば、もう全員が一緒になることはないんだから、軽く一杯やらなけりゃ納得できない！　とカントク（奸説、患篤、感得、最後に間禿―少し薄く…）室に押し掛けて直談判。んーん！この「お方」、俺が今まで対戦した敵の中にはいなかったタイプで、相変わらずのコンニャク戦法だが、かなりの手練《てだれ》と見た。しかし負けないぞ！　と、何とか〝言質〟を取って就寝1時30分。

1月27日（日曜日）二十一日目〝出所〟前日

5時起床。今日の最後のシーンが終われば、俺たち、山口家のシーンは終わり。しかも、言葉を取り戻した花鷲見と昴を引き取って迎えるだけだから台詞もない。ただ最後を飾るにふさわしい晴天があれば文句なしのシーン。少し危なっかしいところがあったが、何とか雲間を狙って「ＯＫ！」と出た時はやったー！　とみんなで万歳、拍手の嵐！　やっと二十一日間の収容所暮らしも、刑期満了、出所だ！

11時30分、宿舎に戻ってパソコンを打ち込んでいると、食堂のほうにとのこと。また、何かやらせる気か？　と警戒しながら、降りて行くと、みんな集まっていて、カントクさんが〝渚〟役の川上さんと〝悟史〟役の俺に赤い薔薇を渡してくれた。ヒェー！　マイッタね。赤い薔薇なんてもらったことがないから、どういう顔をしていいか分からないという思いをしていたら、若い連中が「あっ、悟史さんが照れてる」だと！　ありがとうございました。しかし、これで騙されはしないぞ！　と心に誓ったことは知るまい。

午後3時30分、西之表のカイロプラクティック。お陰様で最近、膝があんまり痛くない。帰路、海岸線に沿って走っていると、太平洋の荒波が道に向かって波を巻き上げる、その荒涼とした様が何とも言えない。イイナー！

夕方7時、まずビールで乾杯！　から打ち上げスタート。みんなでこの約一カ月の思い出話をしながら、いろんな組み合わせで、記念写真を撮ったり、住所やサインの交換をしたり、とわいわい大騒ぎのパーティ。宴もたけなわの頃、1月がアンネエ役の山口美也子さん、2月が渚役の川上麻衣子さんの誕生月だったので、バースデーケーキが用意されていた。カントク、女には優しいようだ。

ケーキのロウソクを消す時、俺がその二つを両手で下から支えて消しやすいように持っていたら、二人からホッペに「チュッ」されちゃった！　この話、あとで、たまたま何気なく話したら、カーチャンが「そんな話聞いてない」と口を尖らした。(別に隠す気はないが、そんなことまでいちいち報告するか) と無視したが、少し冷や汗。

とにかく武道の世界に入って三十年。こんなに道場を空けたのは初めてだ。不安もあったし、何とかなるさもあったけど、この三週間は本当に、夢中で、しかし何か新鮮な日々だった。

大道塾総本部のうるさいT松を始め、各クラスを守ってくれているみんなや、事務局のお陰だと感謝しています。本当に〝オッス〟です。

自分にとって、全く別世界の体験をしたのだが、また例によって蘊蓄《うんちく》を言うと、よく海外で「ワーキングホリディ」といって、職業に就いている人間に、海外で別な種類のアルバイトを認める制度があるらしいが、本当にそれは新たな感動を生み出すだけでなく、元の仕事に対する新鮮さを取り戻す意味でも効果があるのではないか思う。

今、ニューヨーク支部からきている話など、まさにそれに類する話で、俺が苦学生だった頃や、もう少し若かったなら、一も二もなく飛びついた話だが……。1時30分就寝。

刑期満了、撮影を終えて

1月28日（月曜日）二十二日目、出所当日！

5時30分起床。昨夜、荷作りして、ランニング用品を入れたのだが、酒がまだ残っているので走ることにした。

南の島の6時はまだ西の空に月が煌々としている。ここのトラックは200メートルしかないのでその周囲を10周と、後ろ向きと横向きをすると、約3500歩になる。シャドー、補強は同じ。7時30分シャワー、7時50分朝食。

撮影隊はまだ風景を撮るのだが、出発が遅いので、まだ寝ていてもいいのにみんな、起きて見送ってくれた。「東京に戻ったら遊びにこいよ」と声を掛けたのだが、何人かは「入門します」と言っていた。

8時20分、まだ撮影が残っている人たちをあとに、川上さんと、マネージャーの黒さんと俺の三人（二人でいいのに！）は、陶芸家なのに、同じく騙されて今回〝料理長〟を務めていただいた石原さん、後援者の落水さんに、種子島空港まで送られた。

またいつか来ることになるのだろうか、既にもう、いい思い出になり始めつつある種子島を9時30分に離陸。機中の中でいつもの夢想タイム。

近年、人間や人生に向き合うような日本映画はなかなか人を呼べないのが実情だ。ハリウッド映画のカッコ良さ、派手さ、華やかさ、スケールの大きさに、日本だけでなく世界のどこもが蹂躙《じゅうりん》され、フランスでは文化侵略だとして規制があるほどだ。しかし、普通程度に愛国者で、結構映画好きの俺だって、日本映画も健闘していると言われても、アニメは勘弁して欲しいし、暴力ものは充分足りているので見る気にはならない。日本映画は、よほどの話題作でもない限りほとんど見ない。最近見たのは超スーパースターの〝健さん〟ものの『鉄道員（ぽっぽや）』と『ホタル』くらいか。どっちも無骨で不器用な男の、しかしまた、そこがまた日本的でカッコいい生き方を見せてくれる。『金融腐食列島』はビデオで見たが……。

日本映画は、資金的な意味でハリウッドとは比べ物にならず、あまり派手なことはできない。勢い、地味な人間関係や人生を掘り下げる方向に向かわざるを得ない。ところが、戦後延々と続いているアメリカ信仰の所為もあるのだろうか。

日本はダメな国で欧米のほうが優れているという戦後教育をもろに受けた今の〝わけーもん〞は日本的な価値観そのものに疑問を持っているし、第一、日本がバブルでこの世の春を謳歌していた時代に幼少年時代を送った連中だから、そんな人間関係を掘り下げたり、人生に向かい合うなどという面倒なことや、重いことは苦手だ。夢の中に入れるアニメや刺激的な和製ホラーや、暴力ものは見るのだろうが大概は、明るくて派手でカッコいいアメリカ映画を好む。

実際、格好・スタイルという意味では、体を使う仕事をしているから余計意識するのだが、外見は連中のほうがどうしようもなくカッコいい。まだ日本文化への誇りの〝残り香〞位は身に染み込んでいる俺たちの年代でさえ思うんだから無理もない。

海外へ指導に行って、打ち上げパーティなんかになると、暫くして必ずダンスが始まる。俺も〝跳んでる〟ほうだから、ジルバ位と思うが、武道では威張れる連中にも、こと、ダンスとなると勝負にならない！　一転、カッコいいなー、と脱帽するしかない。数年前、モスクワでの大会のあと、支部長夫婦が踊り出した時は、昔、映画『戦争と平和』の中で、ナターシャ役のオードリー・ヘプバーンとピエール（男優名は用がないから忘れた！）とかが踊ったシーンそのままだった。

奥さんが本当にナターシャというのは出来過ぎだった。しかも彼女は新体操のモスクワ代表だったそうで、そのカッコ良さったらない！　あんなのを見せられると、素直に、ダンスはやめておこうとなる。何度日本人に生まれて損したなーと思ったことか。（これが原因で益々「日本人」でいよう!!　と思った訳ではない、念のため）

だから日本映画で〝気合い〟を入れて作ったものは、まず海外の映画祭などに出して評価されてから、日本人の弱い「海外でも評価された」という、いまだに引き摺っている舶来・ブランド信仰を纏ってから逆輸入しないと、ダメなんだそうだ。この映画もそういう方法を考えているようで、公開は半年か一年くらい先になるそうだ。

何にせよ、ど素人の自分が他の役者さんたちの足を引っ張りながら、この作品のテーマ『家族の再生、復活。人と、自然との触合い』を訴える映画に何とか役に立ちたいと思って、恥ずかしいのも忘れ、夢中でくさい芝居もした日々だった。何とか〝もの〟になってくれればと、心から思う。

ありがとう、いろいろ協力していただいた種子島のみなさんたち。何とか良い映画として評価して頂き、結果的に恩返しできたらと思っています（完全に映画人になりきっている！）と、どんどん遠くなる眼下の種子島を見下ろしながら、長いようで短かった三週間を振り返った。

10時40分鹿児島発、12時15分羽田着。理由もないのに（？）周りに人が増え、急に、今まで忘れていた人の視線をドッと感じる。「あー、夢の世界から出て、今日からまた現実の生活が始まるんだなー」と実感する。

午後1時30分、総本部着。不肖、私、山口悟史こと、本名・東孝（認識番号736421 - 自衛隊時代のID番号）は、本日平成14年1月28日、二十二日間の収容所生活を無事務めあげ、種子島より、ただ今娑婆《しゃば》に帰還しました。

本日からは、昨年成功した「空道」の世界的普及のためにより一層、頑張りますので宜しくお願い申し上げます。

第5章

長男の死を乗り越えて……残された者は!

長男・正哲の十三回忌を前に思う

息子の正哲は生まれて四歳まで宮城県仙台市で過ごしたから、大道塾当時の寮生や、宮城県の支部長、全国7地区の運営委員長など約１００人くらいが十三回忌法要に集まってくれた。

第1章で詳しく述べたが、仲間と一緒に海に飲みに行って絡んできたチンピラ二人を遠ざけるために、一人で相手して泥酔し、あげく仲間と信じていた連中に置き去りにされて死んだのだった。

しかもそれを誰一人心の傷として意識しないという、バカな死に方に、現代の青少年の情の喪失という病理を見て、道場訓に「人と結びて有情を体し」という文言を加えたり、短い生涯を薄い本にまとめて訴えたのだが、大きな問題提起にはならなかった。だから、この病理をさらに掘り下げたいという気持ちもある。

しかし別な面では、皮肉なことに空道が生まれたのは、この正哲の死が後押しした結果だとも言える。当時、自分は五十歳になった時で、大道塾もグローブ論争、プロアマ問題、柔術騒動等などを何とか凌《しの》ぎ一段落した頃だった。

しかし大道塾は空手の一ブランドとしては確立したが、武道として五十年、百年というスパンで考えた場合、当初の「格闘空手＝総合武道」という目標は、空手という名前に頼っている以上、達成できないなとも感じていた時期だった。

だが、一方では「今さら五十になってやっと形になってきたブランドを捨てて、また様々な面倒が派生してくる、あの創成期という時代に戻るのか、また再出発するのか！　そんなことはもう御免だ！　空手でいいじゃないか」という気持ちと、あいつに継がせる気など全くなかったから大道塾確立の過程のゴタゴタを通じて、弟子との意思の疎通がうまくいかなかった時期を思い出し、「こんな面倒を子供に背負わせたくない」とか、「ま、俺一代は持つだろう」くらいに考えて、なるべくそのことからは目を逸《そ》らしていた。

ところが、当時の一見隆盛を極めているかに見える武道・格闘技の実態を知っている者として、有為《ゆうい》な将来を持つ若者が誤った武道・格闘技観に振り回されて人生をさ迷ってる姿や、「斜陽化しつつある日本を立て直せるのは武道しかないんだが、今のままでは単なる〝どっちが強いでショー〟で浪費されてしまう」等などを考えると、「やるしかない！」と「でも今さら……」の間を行きつ戻りつしていた。

そんな時、偶々息子と二人差しで飲んでいて、「オヤジ、俺はどう生きればいいのかなぁ～」などと聞かれ、自分の半生の経験や想いなどを話した。

「日本そのものがダメになっているから、いろいろな矛盾が出てきて、若い連中にも生きにくい時代だよな～。日本を立て直すには武道しかないんだが、うちに関しても本当のところを言えば、別な方向に（既に、やるなら空道という名前だな、と考えていた）舵を切らないとダメなんだが、五十になって今さらなぁ～」

と言うと、

「くうどう？　何だか〝だっせぇー〟響きだけど、もしそれが国体やオリンピックに繋がるなら、俺も選手としての目標ができるから、もっともっと練習するよ」

などと語り合って、朝を迎えていた。一丁前になろうとしている息子と、初めて男同士として話せた正に至福の時だった。

事件が起きたのがその二日後だった。前にも述べたが警察からの通報で藤沢警察署に行き、「息子さんは亡くなられました」と言われたが警察官の発する言葉が理解できなかった。しかし、泣き叫ぶ女房を抱きかかえながら死体安置所に行き、棺桶に入っ

関東地区交流大会で優勝した正哲。この頃、私が教えた下段蹴りもしっかりとマスターできていた。

ている息子の姿を見た時、二日前とのあまりの違いに俺は現実の出来事とは信じられなかった。

本当にあいつは死んだんだな諦めると同時に、自分の生きる意味を見失ってしまった。更にはこの事件での〝友達〟という連中の、（連中も傷ついているだろうから……）というコッチの想いとは逆の、「俺は悪くない」「俺に責任はない」という自己防衛だけに心が閉ざされている反応を見て、本当に日本は病んでいるなと思い、絶望を一層深くし、街を夢遊病者のようにさ迷ったこともあった。

半年ほどそんな心持ちでふらふらし

ていたが、ある時、弟子に、

「自分らは強い先生に憧れて大道塾に入りました。悲しいのは分かりますが、それでは〝何のために〟入門したのか。天国の正哲も可哀相です」

と言われてハッとした！　本当にそれまで息子と武道を結びつけて考えたことなどなかったが、生きる意味を見失いかけていた自分は、思想とか信仰ということに懐疑心を持っている（何百何千年という歴史の過程で『思想』が生まれて、その時代はもてはやされても、次の時代には消えていった！）私は、普段は全くそういう考え方はしないのだが、

「そうか、もしかしたなら、あいつ自身は自覚してはいなかったかもしれないが、億劫がってる俺に、一歩踏み出させるためにあの夜を最後の挨拶と思って話しかけてきたのかもしれないな。だったらこの道をチャンと歩くことが正哲の短い生涯を意味づけることにもなるのかもしれないな〜」と、思うようになった。

あいつがいなくなって満十二年目、十三回忌で、その年にワールドゲームズでのデモ競技参加や、オリンピックに繋がるJWGA加盟などが実現したのだった。

もちろん、こんなところで安心してはいられないが、あいつにまず第一歩を報告が

できる。本当にホッとしている。一浪して希望する学校学部に入り、直後の関東交流大会で優勝、と良いところ取りだけして、さっさと消えた親不孝者だが、どっかで後押ししてくれているんだ、と確信している。

娘にゲンコツ……妻・東恵子より

基本的には、道場でも家庭でも変わらない人です、東孝塾長という人は。夫のことを「先生」と呼んでいる私ですが、武道とは全く縁のない世界で生きてきました。先生と出会う前、そして出会ってからのことについて筆を取らせていただきます。

私は中学生の頃からとにかく英語の勉強ばかりしていました。学んだ英語を活かせる職業に就きたいと思っていましたから。海外で働くために学んでいたと言ってもいいかもしれません。

塾長も極真時代に『海外指導員募集』の広告を見て、「自分の道はこれだ！」と決めてアメリカに行くことを決意しています。

ですから、海外指向が強かったというところは、二人は似ていたと言いますか、共通する部分があったのかもしれません。航空会社に勤務するきっかけも海外に行きたかったからなのです。

高校時代、英語教育は今ほど盛んではありませんでしたから、個人的に習っていたりもしました。私が高校を卒業する当時というのは、大学進学する女子高生が増え始めた頃でしたが、就職する女子生徒も多かった時代でした。私も就職組で、航空会社を受けましたが、落ちてしまい、就職浪人という訳にもいきませんでしたから、東京のビジネス・スクールに通うことになったのです。

秘書課に進んだのですが、自分が向いていないと思ったのと、観光課のほうが英語の必要性もあると思ったので、観光課で学ぶことになります。この観光課で講師をされていた作家の森村誠一さんとお知り合いになったのも、この頃のことでした。ビジネス・スクールを卒業し、航空会社へ入社して、客室乗務員となり、一応目標を達成することができました。

夢でもあった客室乗務員になれたのはいいのですが、訳があって長期休職を取ることになったのです。その休職の時に、仙台に住んでいた姉の家に行き、そこでバイトでもと思い、仙台のデパートの紳士服売場でアルバイトをしていたのです。

そこに先生がコートを買いに来たんです。その時の印象というのは、特に強烈ではなかったのですが、その後、偶々知り合いの頼みで、デパート勤務後に、あるお店で二、三日間アルバイトをしていた時に、また顔を合わせてしまいました。（先生はそのお店の超常連でした！）それからは顔なじみになっていき、次第に二人で会うようになっていきました。

でも、今でもそうですが、当時から練習中心に考える人でしたから、会うのは水曜、土曜の「次の日に朝錬がない日」の練習後や、日曜日で行事がない日でした。

実は私は会社に勤務していた頃、結婚の約束をしていた人がいました。ところが、その方は事故で亡くなられました。

事故当時、私はその方と結婚するつもりで、会社を休職していましたから「職場復帰したらどうですか？」というお話もいただいていたのですが、とても立ち直れる状態でなく、しばらくは〝自分探し〟じゃないですが、いろいろなことをして、今で言うところのフリーターみたいな生活を送っていました。

そんなことから仙台に住んでいる姉を頼りにしていたこともあり、仙台での滞在期間が多かったのです。先生ほどではないのですが、二十代の頃は笑ってしまいますが、

『はみだし人生』を送っていたような気がします。

お互いに〝傷心〟同士だったことも、共通項があったと言いますか、何かお互いに惹かれ合うきっかけになったのではないかと思っています。

私は結婚の約束までしていた人と死別してしまったという傷心。先生は1979年の極真第二回世界大会での失望からくる傷心。先生は「膝さえ治れば！」と思っていろいろな治療をしたようですが、現在でも影響しているほどですから、最終的にそれは無理だと分かって、選手生活をやめて、落ち着こうとしている時期でもありました。傷心同士ではありましたが、お互いに次のステップへ向けて進もうとしている時期でもあったのだと思います。

結婚を前提にお付き合いしてから、約半年で結婚したのですが、お付き合いして三カ月目に気仙沼の東家の実家へ連れて行かれ、ご両親、ご兄弟に「この人と結婚する」と言って紹介していただきました。

当時、いろいろな人から「空手の先生と一緒になるの？」と言われたり、「怖い人ではないの？」と、言われたりしたのですが、先生は私の両親に、

「空手道場を運営していくというのは、人気商売で水商売的なところがありますが、

いざという時は自衛隊で取った大型免許も持っていますし、どんな職業でも出来るので、恵子さんを養っていくことはできます」

と言っていただきました。母親の前で「結婚させてください」と素直に頭を下げる姿に、感謝し、感動していました。

言い方はあまり良くないですが、毎日決められたことをして過ごすより、自分で人生を切り開いて好きな道で頑張る先生に憧れを抱きましたし、そういう人生のほうが好きでしたから、生活に対する不安は、全くありませんでした。海外志向が強かったので、これから素晴らしい夢が開けるのではないか？　という思いになりました。

とはいえ、全くの畑違いのいわば女将《おかみ》さんになるようなものでしたから、結婚後、最初から全て順風満帆という訳にはいきませんでした。ましてや、仙台時代は、自宅と道場が同じでしたから、プライベートが殆どない上に、寮生たちの賄《まかな》いだけじゃなく生活全般の面倒など、とても大変でした。最初の一年くらいは慣れるまでには、試行錯誤の日々で、先生に言わせると「ヒステリー状態」になっていたのは事実です。

でも、だんだん「ようやく自分の居場所が見つかった！」と思えるようになり、先生の手足となって、「この世界で頑張ろう」と決心しました。今は事務職員も女性が多くなりましたが、当時は女性が私一人だけという状況でしたので、いろんな苦労があったのも確かです。葛藤《かっとう》していく過程で、強くならなければ、気丈にならなければ、と常に思っていました。

ところで、私が常に自分の夫のことを先生と呼んでいるのは、弟子たちの前では「先生と呼ぶように」と、一緒に生活し始めた最初の日に言われたからなのです。

そして先生は弟子たちに、「正哲は男だから、まさあきと呼び捨てでいいぞ」と言っていました。また、由美子が生まれた時には「女の子なので、ゆみこではなく、ゆみちゃんと呼ぶとか、気を使ってな」と、同じようにザックバランに言葉をかけていました。

仙台の本部の時は、自宅兼本部道場でしたから、〝第二保育園〟みたいな感じで、道場がよく幼稚園の子供たちの遊び場と化していました。子供たちは空手を習う道場だとは理解できていないのか、「正哲くんの家は広くていいねー」と言われて、誇らしく思っていたこともあったようです。

正哲は東京に引っ越した直後は東北弁が不思議がられて、イジメられていた時期が少しだけありましたが、自分も空手（当時は）を始めて、イジメていた子も、何とその後、空手を始めて、それからはとても仲良くなりました。

家族４人で旅行し、撮影した写真はあまりないのだが、
この写真は沖縄旅行した時の貴重な一枚だ。

とにかく土日には、いろんな行事があるので、私的な家族旅行というのは殆どなかったのですが、先生は時間の使い方が柔軟ですから、仙台での大会後には実家のある気仙沼に行ったり、セミナーや大会がある地方に、子供を連れて行くということもありました。

決して家族旅行ではないのですが、自分の仕事とプライベートをうまく組み合わせて、なるべく家族と一緒にいることを心がけている人です。当時、子供たちにどう映ったかは分かりませんが、家庭的な父親だと思います。

小学校の高学年になると、学習塾に通わせていたこともあり、当初、近所で不審者が出ていたりと、夜の帰り道が物騒だったので、由美子の塾が終わり、自分が行けない時は内弟子や寮生にお願いした所、道着のまま迎えに行った道場生の姿を見て、みんなにビックリされていたという話もありました。正哲と一緒に帰ってきたり、正哲が家で留守番していた時はよく迎えに行ってくれました。

家庭的ではありましたが、厳しい父親の一面を持っていたことも確かです。先生は、長男にゲンコツすることは普通に考えていましたが、私としては妹の由美子、つまり娘にゲンコツするということは、すごく抵抗がありました。

でも、由美子に対してもゲンコツするようになったのは、甘やかせてはいけないという思いからなんです。初めは父親として、女の子のしつけということに、とても戸惑いがあったようです。由美子が産まれる前から、「女の子を叱る時はどうしたらいいのだろう?」とよく言っていました。

しかし、由美子が産まれてきてからは、男の子も女の子も同様にしつけるという考えに、すぐに切り替わっていきました。

ですから、先生が娘の由美子にゲンコツした時に、私は無理に止めに入ることもありませんでした。先生いえ、父親としての教育だと認識していましたから。

そうした武道家の父と母、息子、娘の家族関係は、とても平穏で幸せな日々だったと思います。長男・正哲の死の知らせを迎えたあの日までは。この話については先生が触れていますので、私の悲しみは心にしまわせてください。

ただ、正哲は「オレ、空道でオリンピックに出場する」ということまで言っていました。そんな正哲が亡くなった時、先生はボーとしている日々、時間が多々ありました。口には出しませんでしたが、全てを投げ出したいくらいの思いだったと思います。

でも、私は立ち止まってはいけない、時間を止めてはいけない、家族、道場生、みんながいるのだからと、先生と同じく、大道塾をやめてしまうなんて、決して思いませんでした。

それでも長男・正哲が亡くなった数年後に、大学卒業間近の由美子が、「海外に出てみたいのだけど……」と言いだした時は、よく先生が許したなと思いました。流石に私は心配で仕方がありませんでしたから。娘を一人立ちさせようという教育ではあったと思いますが、当時は本当に心配でした。

世界中で翻訳された『スポック博士の育児書』という育児の聖書とまで呼ばれた本がありましたが、私たちはその育児書にはまるっきり当てはまらない育て方をしていたと思います。

娘は幼い頃は一人でいるのが好きな子だったこともあったからなのか、幼稚園の先生に「親の愛情不足では？」と言われたこともありますが、私たちは愛情不足なんて思ったこともないし、娘にも寂しい思いをさせていたつもりもまるっきりないのですが……。幼い頃は、娘はとにかく恥ずかしがり屋で、人見知りをする子だったので、発表会に出て人前で何かをやるということもない子でした。これは私の幼い頃とよく似ています。

そういう子供でも、そのまま大人になる訳ではないですから、普通に家庭環境を整え、教育次第で育っていってくれるものだと思っています。

本部道場時代は、道場生に夕食も作っていました。ただ、月に一度は内弟子・寮生たちと一緒に夕食を食べる機会を作っていたのですが、そういう時も長男とは違って娘は全然笑わず、しゃべらない子でした。

それでもみんな弟、妹のように可愛がってくれましたので、私は内弟子・寮生のことは私たちの子供と思っています。私はみんなの母親です。この気持ちは今でも変わることはありません。

普通の「お父さん」に憧れたことも……娘・東 由美子より

物心ついてきた頃から、父は道着姿だったので、私には違和感はなかったのですが、私の友達のお父さんはネクタイを締めているのに、私のお父さんは道着に黒帯を締めている……。こんなことを気にするようになるのは、ずいぶんあとのことです。

職員・寮生のお兄さん方と一緒に過ごす時間が多かったのは、家（と言っても道場ですが）では常に忙しくしている父と母の代わりに、兄が私の面倒をよく見てくれていたこともあるからだと思います。兄は、人懐っこい性格だったので職員・寮生の方々とよく遊び、可愛がられていたのですが、私は引っ込み思案だったので、自分から一緒になって遊んでもらうというタイプではなかったようです。

いつも母の背中に隠れているような子で、あまり喋らず、笑わない女の子だったようです。現在、私は事務局で働いていますが、当時の私を知っている方々と十数年ぶりにお会いした際の驚き様と言ったら相当なもので、今では、当時の話はいい笑い草となってしまいます。

私は〝武道〟家の娘ですが、「父は武道家です」とか「家は道場をやっています」などと自分から友人や周囲の人に言うことはありませんでした。おとなしい子供だったようですが、武道家の娘だということで、イジメなどにあうこともありませんでした。でも、思春期の頃に、サラリーマンの家庭が羨ましいと思うこともありました。

両親は週末には大会など泊りがけで県外に出かけることが多かったため、小さい子を道場に置いて留守番をさせる訳にもいかず、小学生くらいまでだったと思いますが、父の仕事に一緒に連れて行かれていました。普通の子と比べたら、いろいろな場所に連れて行ってもらえた？（笑）と思います。

とはいえ、仕事場について行っている訳なので、大会会場の隅でじっとしているか、母の背中にくっついているか、のような感じだったと思います。土曜日から出かけて月曜に戻ってくることも多かったので、土曜日と月曜日の二日間、学校を休むことも度々ありました。

母は、「そんなに休ませていいの？」と学校のお母さん方に言われていたそうですが、「家業なので、仕方ないんです」と答えていたそうです。

大会へ連れて行かれても、人見知りの私には楽しい場所ではなかったので、当時は気が進まず、苦手な場所だったのですが、改めて振り返ってみると、一緒にいる時間を少しでも作ろうとしてくれていた父の心遣いだったのだと思います。

私が生まれて三年ほどで上京して、兄は早々に大道塾生となり、私にとって兄は、頼りになる兄であり大好きな遊び相手だったので、幼い頃の写真を見ると、笑ってしまいますが、木刀を持った父の監督下、兄と一緒に腹筋をやらされている写真などもあります。

それでも、小学校に入ってから、女の子なのでやはり、周囲の女の子たちと一緒に習い事をやりたいと思い始めました。とにかく男社会の中で、道着と「押忍」に囲まれている日常だったのでおそらく……。小学生の間、ピアノを習わせてもらったことがありましたが、怖い先生にめげて（笑）、小学生までの記憶となりました。

また、父を、一言で表わすならば、怖い父だったというイメージがあります。本気で怒らせてはいけないんだなというのは、物心ついた頃からありました。

暴力と思ったことは（おそらく）ないですが（笑）、父にグーで叩かれた（笑）ことは何度もあります。あとになって、母に聞いた話ですが、父によれば、「ビンタだと脳を揺らしてしまうが、ゲンコツならば問題ない」ということだそうで（笑）。度々ビンタをされたことがあるのも、しっかりと記憶に残っていますが……、私も兄も基本的にはグーでした。父は、「加減を分かってやっていた」と言いますが、とにかく痛い上に、何より怖かったので、手を挙げられるまで怒らせてはいけないという気持ちが募っていったように思います。

父は体罰というものは「相手と信頼等があり、かつ教える者は武道などを経験し加減を知っていて、そして相手が自分では限界を超えられない、自分で自分の間違いに気づかないような場合には、してもいいはずだ」という考えでした。

中学、高校と普通に学生生活を送りましたが、高校で進路を決める時期になっても将来のイメージは漠然としていて、半分他人事のようなまま、何となく大学に進学をし、大学2年生の夏頃、周囲の就活戦争が始まり、初めてハッとし、自分の進むべき道について意識し始めました。当時、両親は、「『シューカツ』？って、何？」という反応でした。

と言うのも当然、「何も、無理して周りと足並み揃えてやらなくてもこんなに近くて働きやすい場所（大道塾）があるじゃないか」というのが〝はみだし〟の父の発想（笑）でしたから。私の中ではすぐに大道塾に就職するという考えはありませんでした。自分でちゃんと就職をし、少しでも自分なりの経験を積んでから、いずれ何らかの形で空道発展の一助となれればいいな、と思っていました。独りよがりかもしれませんが……。この頃、家で「シューカツ」の話題を持ち出すのは避けたほうがいいなと感じ取ってからは、その話題は極力口にしないようにしていました。

兄が亡くなったのは、私が大学受験を控えた高校三年生の夏でした。兄を失った衝撃は想像以上に大きかったです。暫く、夢の中にいるような時間が過ぎるのをこなしていくだけの毎日でした。そんな日々を払拭しようと我に返ろうとしても、家に帰れば、同じように色を失っている両親との時間が流れます。その悲しみは、私には当然計り知れず、遥かに上回るものだと想像しました。そんな日々が続き、ある時から、その出口のない家庭内の息苦しさを払いのけるためには、残された自分がしっかりしなければいけないと思い、そう振る舞うように努力していたのを覚えています。

そんなことも影響してか、大学に入る頃には、大分心構えが変わっていたように思います。大げさな言い方ですが、自分から何かにぶつかってみたいと思うようになり、大学三年に進級前の冬に、海外渡航をイメージし始め、勇気を出して相談を持ちかけました。兄の死後数年しか経っていなかったので、父も母も、海外に遣《や》ると決めたあとは、周囲の方々に、いろいろと言われていたようですが、相談時、父にはキッパリと言われました。

「海外に行きたいのであれば、良い勉強になるはずだから行ってこい。ただ、何となく〝海外〟の響きに憧れて浮かれているうちに、本分を忘れ、帰れなくなっているのを、俺は海外へ行った者の中に何人も見ている。幸い、行かせてやることもできるので行かせてやるが、努力をし、必ず何らかの結果を残せ。そうでなければ帰ってきてもお前の居場所はないからな」

父のその〝言葉〟に背中を押された気がして、アイルランドへの留学への不安は、決心に変わりました。最初にアイルランドを選んだのも、行かせてもらえるからには、自分に甘えない環境として、ネイティブ英語圏で日本人が少ないということからでしたし、自分よがりで今思うと恥ずかしいですが、最初の数カ月間は、「日本語は話さない、一切電話もしない」などのような自分の中でのルールも決めました。親からの電話でも、容赦なく励行（笑）しました。

両親は、「変わった子だね」と、不思議に思っていたようですが、でも、私としては、父と母の娘で、変わっていても仕方ないのかな（笑）、と思います。ただ、父には、

「せっかく海外にまで出してやって、結果を残せないのなら、帰ってこなくてもいい」という風にまで言われた、その時に火がついた（笑）のは確かです。

ただ、アイルランドからイギリスに留学先を変え、その留学中に体調を崩し、入院をしてしまった時に、連絡もできなかった私を、周りの友人関係から辿り、「何かあったに違いない」と、まるで捜索のようにして私の陥っていた状況を嗅ぎ取り、その翌日には母がイギリスまで飛んできてくれた時の安心感とありがたみは今でも忘れられません。

帰国してから、二度目の就職活動に乗り出し、日本企業に無事就職が決まり、念願の国際部で勤務することとなりました。空道の仕事を何らかの形でも手伝うことを考えながら仕事をしていく中で、現状は、聞いていた内容とは異なる勤務だったこともあり、人と直接のコミュニケーションの中で仕事ができたらいいなと思い、考えた末に転職を決め、成田空港で、接客業務などを行なう地上職として航空会社で働き始めることとなりました。

この仕事をしている時に、私も母と同じように、人と接する仕事が好きなんだな、と実感しました。この時、同時に嬉しかったのが、意識していた訳ではないですが、母は客室乗務員として空で、私は地上職員として空港で、接客業に就き、航空業界の今昔物語を一緒になって話すことができ、その母の嬉しそうな顔を見るのが一つの楽しみとなりました。

仕事に慣れ軌道に乗り始めながらも、折に触れての、父からの「いつまで続けるんだ?」という言葉が常に私の頭の片隅には存在していましたが、「何年後に手伝う」などの押し問答を繰り返しながらうまく誤魔化し、なるべく聞かないフリをしていました。ですが、空道の世界大会も近づいていて、海外支部との連絡を始めとした業務が増えてきていて、ある時、父から遂に「手伝ってくれないか」とお願いをされ、そのようなことは初めてだったので、その真剣さに驚き、しばらく悩みましたが、父の気持ちに沿うのも親孝行だとは常々思ってはいましたし、これをタイミングと考え、ここで、大道塾の事務局で仕事をする決心をしました。

今までの父であれば、「最終的に判断するのは自分だぞ」と言って、最後は私に決断を委ねていたのに、空道は塾長の予想以上に大きく成長をし、その分、業務も溢れて手が追い付かなくなってきている事実から、この時ばかりは、と、初めて〝お願い〟をされたことは印象深いです。

いざ事務局での勤務をスタートしてみると、初めは衝突のようなことも多く戸惑いましたが、現在は、父のためにも、大道塾のためにもという思いで、毎日楽しく（笑）事務局での仕事に勤《いそ》しんでいます。ですが、今でもたまに、チョッと恩を着せる（笑）ことはあります。

父の空道にかける原動力と熱意は、信じられない程で、それが顕著になったのはいつからかと記憶の糸を辿ってみると、それは、「空手」から「空道」への大きな決断をした、その時でした。当時、その名称変更の話が、食卓でチラッと耳に入ってくることはあっても、私は「ふーん、反発が多いのもちょっとまた大変だよねぇ」なんて呑気なことを言っていた〝そのテーマ〟を皮切りに、周囲の反対も押し切ってまで、父をここまでまっしぐらに動かしたきっかけは、何と言っても、兄の一件でした。

兄が亡くなった当時の両親は、覇気がなく、まるで抜け殻のような、見たこともない姿で、過剰に心配性になっていたので、何かにつけてもなるべく三人でいるようにしたり、不気味がられるかもしれませんが、納骨するまで一年くらいずっと、父は兄の位牌を車に乗せ、道場まで通ったり、暇さえあれば兄の写真を見ては何かを語りかけている父を見ていたので、いつまでも父と母のそんな姿は見ていたくなかったですし、私もどうしたらいいのか分からず、いろいろとキツイことを言ったと思います。今になって初めて口外します。冗談ではあったのでしょうが、「一家心中」という言葉まで出た時は本当に驚きました。流石に当時は当然笑えないですし、私が兄に変わることができたら……、とも何度も考えましたから（笑）。

今だから笑い話にできますが、父は、こっちの世界に兄を呼び戻せないだろうか？と、とにかくいろんな本を買い込んで知識を集め、そのススメを試していました。鏡の前に座り、ろうそくを立てて部屋にこもって時間を過ごしたり、「この本はダメだ」「瞑想が足りない」などと言っていた時期は、今考えても、親の辛さを分かち合えない分、見ていたくない姿でした。

でも、幸い父は霊感がなかったようで（笑）、次第に時間を経て少しずつ、周囲の方々に励まされながら、現実の世界の「空道」に想いを託し、空道を育てることにまっしぐらになりました。お陰様で早や十三年の時を経た現在、世界を舞台に空道は成長していきます。武道を通じて社会に認められる若者を育てたい一念で、健全な「社会体育」の確立を目指して、日本から発信し続け、世界を駆けまわり、『大道塾・空道』の理念を発信・指導している、そんな父の姿に、私は勇気づけられています。

娘・由美子へ……父・東孝より

いろいろな意見を聞くにしても、最終的には全てを自分で決めなくてはならないのが組織の長というものだし、しかし、万人が納得する結論などない。しかもその上、新しいことをするというのは、往々にして既成の概念や、前例とは違うことが多いから、それに輪を加えて、周りからあれこれ言われるものだ。

更には精神的な面でも、初めからこの世界で上に立とうなどとは思ってはいず、ただ競技者としてより良い競技を追求したいという単純な気持ちで始めたものだから、指導者としての自覚などなかった。当時の流れに真っ向から逆らうようなコンセプトで始めたことで、他の団体や昔の仲間からの（半分妬《ねた》みや羨望もあったかもしれないが）誹謗《ひぼう》中傷や妨害工作は結構あった。それに対しての、精神的対応や組織防衛に忙しく、少ない時間をやり繰りして、自分の練習は路上での現実を想定した関節蹴りや金的蹴り中心の組み手の研究（http://www.daidojuku.com/home/manga/m_bumon/6/1.html ホームページの「漫道無門」出稽古地獄変を参照）が中心だったから、初めの思いとは裏腹に競技者としての練習の相手はしてやれなかった。そんなことも重なり弟子も思うように動かない。なかには「先生は顔面の組み手はできないから」などという声も聞こえてきた。

「こんなに何だかんだ言われるなら、みんな並べて俺なりの組み手の相手をさせて、ぶちのめして解散するか！」などと何度も途中で投げ出したくなったものだった。

子供たちが中高生の頃は私がこんな状態だから、同じ苦労などは絶対に味あわせたくなかったので、正哲にも、由美子にも、空手を習いなさいと言ったことは一度もない。私は自分のことならどんなに苦しいことでも乗り越える自信はあるが、基本的に他人が苦しんでいる姿を見続けたり、物事を強制することはできない質《たち》なので……。

しかし、2000年からの数年間は、それまでの最も楽しい日々が、いきなり180度反転し、奈落の底へ叩き下ろされたような期間になってしまった。我が家にとって思い出したくない寂しい年末、年始だった。

「今年を振り返り来年に期す」エッセイもやめたし、年が近い姉が送ってくれるナメタ鰈《かれい》のある年越し膳を挟んでも、笑顔は少なく、ただ時の過ぎるのを待つみたいだった。好きだった「ゆく年くる年」も見ないで床に入り、元旦の朝は新宿の熊野神社への初詣が習慣になっていたがそれも止めた。また、それまでの正月三日、四日頃は古参の弟子を呼んで懇親会をしていたが、そんな元気はなく、撮り溜めしていた家族での楽しかった頃のビデオを何時間もかけて観ては、「こんなの撮るんじゃなかったな〜」とため息をついていた。

そんな中、娘は受験を考える時期になり、「なんだかやっぱり、おにぃと同じ大学へ…」と頑張っていたが、私たち夫婦は、自分を（また口には出さなかったが、互いを）責めたくなる時も多くなり、我が家は不安定な状態が続いていた。家内も一時は亡くなった子のことばかり考えて宗教的なことに敏感になった。私は私で後ろばかりを振り返り、今にして思えば馬鹿なことを考えていた。

とうとう、弟子たちも見かねたのだろう、ある古参の弟子が代表し、「先生の心境を考えると、来年の『第一回世界大会』は延ばしたほうが良いんじゃないでしょうか?」などと心配もされたくらいだった。

こんな風に親が両方ともに立ち直れないでいるから（しかし、まだこぼす相手がいるだけ良かったと言えるのだが）、一人取り残された感じの娘はそれ以上に大変だったろう。遂には、いつまでもグズグズしている私に、

「お父さんお母さんは、いつまでもお兄ちゃんのことばかり考えて、私がいることを忘れているよー!!」とまで言われてしまった。

勿論そんなつもりはなく、ただ、「女の子には穏便に幸せな人生を送ってくれれば……」との考えだったから、娘にはあまり期待めいたことは言わなかったのだが、それが逆に自分は忘れられているという気持ちにさせたようだった。

別な古参の弟子からも、「自分たちはいつまでも先生のそんな姿は見たくありません」とまで言われてはいたのだが、「分かってはいるが……」という状態だった。しかし、流石にその言葉にはハッとさせられ、「このままでは駄目だ、俺が気を強く持って家族を引っ張らなければ、俺も家族も大道塾もみんなダメになってしまう。何かの目標を持って生きなければ」と目覚めた。

そんなこともあって、娘も徐々に気持ちを持ち直して受験勉強に打ち込むようになり、見事に早稲田大学に進学を果たしてくれたので、一時は深刻だった家族崩壊も免れた。全く同じようなケース（長男を失くしたことで両親が放心し、妹がぐれて家族崩壊した）も見聞きしていたから、実際そうなってもおかしくはなかった……。

大学では兄の死を経験してからの不信感があったからだろうか、友達を作るということには初めは慎重だったようで、心配して、「人情が薄くなってきて嫌な思い出だが、みんながあんなじゃないだろうから」とか、「一番長く続く友達関係というのは、言葉だけの付き合いではない、体をぶつけ合っての運動部だぞ」などと言ったりしたが、特に運動部という訳でもないが、音楽イベントのサークルやゼミの仲間など、今に続く交友関係を大学でも結構作ったようで、最近はよく私たち夫婦の夕食（酒の席〈笑〉）に友達を誘ったりする。

初めは年頃の女の子と何を話すことがあるかな？　かとも思ったものだが、私も若い男の弟子はいつも相手にしているし、珍しい分野の仕事という訳で、年の割に違和感なく話ができる。

とは言っても、そんなこんなの大学生活も終わりに近づいたある日、娘から、「今から海外ってどう思う…？」という相談を受けた時は、正直悩んだ。何も若い娘が一人で海外に行く必要もないし、大道塾での仕事もあるから、手伝ってほしいと思っていたからだ。

勿論、せっかく順調に大学卒業まで一年ばかりの娘に、「即、（企業ではない）ウチで働け！」という言い方も可哀相だ。それなら、単に浮かれた気持ちで行くのなら許さないが、真剣に語学を身につけるつもりで行くならのなら、いずれ大道塾の仕事も手伝えるかもしれない。その際に言えばいいだろう。ここは社会に出る娘のために、希望に沿えるようにしてあげることが先決だと思い、留学に賛成した。やる気になった娘に、

「英語でも本腰入れて勉強して、その間に将来の人生にいい方向が見つかるんじゃないか。学費は先行投資と考えて何とかしてやるから、老後はしっかりと見てくれよ（笑）」

と話したところ、自分で情報収集をすっかり完結し（すでに完結していたのか？）、海外の様々な大学の案内書などを取り寄せて、留学の手筈を整えたのだった。あとで、この時のことを聞いたのだが、

「ある時行った就活の講演会で講演者の話を聞いていて、何か自分に自信が持てるような苦労を経てみたら、考え方やその先に見えるものが変わるのかも、って思ったのがきっかけ。英語なんて好きでもなかったし、しゃべれないけど、いっそぶっ飛びで行ってみちゃったらどうだろう、って悩んで悩みあぐねた末に、自分の気持ちを話してみようって決めた。けど、お兄ちゃんのこともあったし、何て言われるか、当然反対されるどころか呆れられるだろう、と心して話を持ちかけた」

と。そして、

「何言ってるんだ！　と、ちゃぶ台をひっくり返されるんじゃないか、反対に涙もろいお母さんには泣かれて全力で反対されるんじゃないか、ってホントにドキドキだった。勇気を出してお父さんとお母さんに相談して、逆に、『お前からそんな気持ちが出てきて安心した』と、海外留学への不安を払拭するかのように、ポンッと背中を押してもらえたことには、本当に驚き、逆に、（この時こんな風に思い立っていなかったら、どう思われていたのだろう）とすら考えさせられたので、ゾクッとした」

と胸の内を明かしてくれた。ほんとにドキドキの瞬間だったらしい。

そんな訳で、大学三年になって初めてアイルランドへ一人で渡航することになる。日本人が少ない地域を選択したのは、娘が自分に甘えないような環境を考慮したためだった。

それから一年くらいして、私はニューヨークで、第2回目のセミナーを成功させ、高揚した気持ちでロンドンにいた娘に、「これから日本に帰るぞ」と電話で連絡しようとした。しかし、電話にもメールにも全く反応がない。私は、

「絶対病気か怪我をして、どうにかなっているに違いない」と思い、娘の周囲の知人

に連絡を取り、入院していることが判明するや否や、
「すぐにお前行ってくれ！」と家内にロンドンに緊急で飛んでもらった。

案の定、おそらく風邪か何かから始まり、その時かかった救急病院で院内感染した可能性が高いらしく、高熱と大変な症状で集中治療室に運ばれる騒ぎだった。まさか海外で大病を患うとは思ってもいなかったので、その時は悔いたし、自分を責めたくもなった。

風邪だったのか、ウイルス感染だかの原因不明の高熱が続き、（当時、日本で猛威を振るっていたノロウイルスではないそうだった）行った救急病院から更に悪化して、結局40度の熱が四日程続き、脱水症状に加えて全身発疹・嘔吐・下痢・扁桃炎などが始まって、どうやら救急病院で打った注射針などからさらに感染したのではないのか、と言われたという。

一つのエピソードだが、「お母さんが、ロンドンに着いて病室へ駆けつけ、集中治療室から車イスで病室に移ってくる私を、病室のベッドで待っていてくれて、ようやく再会できた時には、開口一番、『こんなゾンビみたいな顔になっちゃって‼』って抱きつかれて、おいおい大泣きされたのは忘れもしないよ……（笑）」と、家内の顔を見た

時には本当にホッとしたそうだ。

余談でこんな話も。同じ家をシェアしていた人に手伝ってもらって、いざ救急病院に行く時、「やっとタクシーが来たら、覚せい剤で〝ラリ〟っている見知らぬ黒人が玄関口でナイフ出して〝金だせ！〟と」かって。娘は、「何考えてるの、いい加減にしてよ！わたし苦しくてどうしようもないんだよ！　やっとの思いで病院行けるのに、邪魔しないで早く病院行かせてよ！　って、渾身の力振り絞ってどなったの。わたしもいろいろガムシャラによくやってたよねぇ……」

ということがあったそうだ。恐！　本当に刺されないで良かった。「おにぃ」が護ってくれたのだろう……合掌。

それまでも周りの人からは「よく一人娘を海外に出すね～」とか「心配じゃないの？」などと言われても、想像力の乏しい私は、「そんなに悪いことばかり続く訳はないさ」とか「そんなこと言って臆病になったなら何にもできない。人生は守りに入っては後退するだけなんだよ」などと、したり顔で話してたが、この時ほど自分の浅はかさを呪い、単純さを後悔したことはなかった。

「もし、今あいつに万が一があったなら、人と違った（変わった）人生を何とか生きのびてきた能天気な俺も、もう駄目だな‼」とまで思ったものだった。

幸い娘も数カ月かかって、元の通りに回復したが、一人にしておくのも心配だったし、珍しく気弱に、「お父さん、迎えにきて」という言葉と、それまで度々希望していたウィンザー支部のセミナーや、助けてくれた友達や恩師へのお礼も兼ねて、「今年だけだぞ！」と海外で過ごすことになった年越しだった。

そんな経験を経つつも何とか娘も海外留学を終え、帰国後には念願の「国際的な仕事」ができる会社に入社することができ、久々で平和な、かつては当たり前だった年越し、正月を家で迎えることができた。この間、約十年が過ぎていた‼　しかし当然なかなか世の中そう甘くはない。入社時の話に反して貿易関連の業務に就き、語学や予期していた国際性などは殆ど求められない職場環境であったが、日々かなり鍛えられたようだった。しかし悩みながらも、家庭的にはここ数年は三人で「おにぃ」の話も平気でできるような安定した「年越し」を過ごしている。

その後、また全く別の職歴を経ながら、現在は大道塾に欠かせない人材として活躍してくれている娘の姿をみて、親ばかではないが、よくここまで育ってくれたと幸せを噛みしめている武道家であり、父親である。

おわりに……子供を、若者を正しく導きたい

体罰についてマスメディアが大きく取り上げて、各界の有識者という方々が各人の専門分野から様々な意見を述べている。私は一介の武弁で、教育に対してなんの専門的な知識もないが、抽象的な意味ではなく、現実の場で身を守れる「護身術としての武道」を約五十年近くにわたって追求し、その過程で膨大な数の若者を指導して来た者として、私なりの考えを触れておきたい。

どこまでが良くて、どこまでが悪いという書き方や、手を挙げるという行為についての良し悪しも断定的、確信的に言い切るつもりはないが、敢えて、一言で言えと問われたなら、私は、信頼し合っている親子や師弟関係にある場合は、多少の打擲《ちょうちゃく》なら良いと思っている。

実際に私は自分の子供が反抗期や友人関係で問題があり、言って聞かせても分からなかった時にはゲンコツをした。それは私自身の経験から、「あの時、親父に殴られてなかったなら、俺の人生はどうなっていたかなぁ〜」という実際の苦い思い出があっ

たからだ。そして、子供から、「あの時お父さんに叩かれなかったならまずかったよね」という言葉を聞くと、その時は嫌な思いをしながらも、あれでよかったんだとホッとする。誰が好んで自分の子供を叩くだろうか？　但し、ゲンコツはしても、ビンタはしないと決めていた。殴られた経験から、大人の手でビンタをすれば、脳をゆらしてしまうほどの衝撃があるからだ。

さて一般的な体罰の話だが、手を挙げる人間の子供への姿勢や、経験が一番重要だと思う。私が武道家だということもあるのだろうが、加減を知らないで子供を叩く、というのは大問題なのである。理由は、普通の人間というのは、叩くという行為で、興奮してしまうからだ。だから往々にして教育の一環の積りの体罰が、感情的な暴力となってエスカレートしていく。ところが、武道をやっている人間というのは、戦いの場では冷静さが要求されるから、殴りながらのその強度をコントロールすることができる。加減もコントロールもできない人間は、人を叩くという行為をしてはならないと、私は思う。

そもそも体罰という言葉に問題がある。私は他人に恨まれてまで他人を向上させるということにはのめり込めないからだが（笑）、体に負荷を与える教育はすべて体罰なのか？　ということにもなるからだ。分かりやすくするために目に見える筋力の向上を例に出すと、筋肉を鍛える時には、今現在の能力以上の負荷をかけて、一旦、筋細胞を壊してそれが回復する時に向上するという、いわゆる〝超回復〟を起こさせて限界を突破してゆくことの繰り返しで筋力を向上させるわけだが、一切心身に負荷を掛けるな！　となったなら、初めから精神力が強くて、自己統制力の優れた者しか、向上はしないはずだ。

精神（力）にだって同じことがあるはずで、自分の言動について誤ったことを繰り返す人間とか、物事に挑戦し「自分ではここが限界だ」と思って初志を貫徹できないような子供に対しては指導者の（もちろん、専門知識と経験のある、だが）、「厳しい言葉による叱咤激励や多少の打擲で自分の限界を超えさせる」ということはいくらでもあるはずだ。

「鞭を惜しんで子供を駄目にする（Spare the rod and spoil the child）」という有名なイギリスの諺もあるように、「単に相手に苦痛を与える為に行なう」のは論外だが、体罰で糾弾される教育者全員が、生徒に対して「単に相手に苦痛を与える為に、やっているのですか？」と逆に聞きたいほどである。これは道場でも、学校でも同様だと思う。

スパルタ教育という言葉がすっかり使われなくなった。ほとんどの指導者が怖がってしまったという要因もあるだろう。

世代の違いという言葉では片づけられない。決められたことをしっかりと守る。守れなければ、謝罪をする。それができて普通の人間だ。

自分の子供がイジメをする人間になってほしくなかったら、ある程度の範囲内で悪いことをしたなら自分も痛い思いをするんだ、ということを分からせることが大切だと思っている。しかし最近では「たとえ自分の子供であろうと、手を挙げてはいけない」という考えの親も多いことだろう。世論というのは安全パイを取ろうとする。体罰の事件、報道があれば、8割〜9割の人間が悪いと、言う。悪いと言ってしまうほうが簡単だからだ。大勢に従うというのが、今の日本の世論の風潮だ。

それでなくても日本人は「みんなで渡れば怖くない」に端的に現われている、歴史的な「和を以て貴しとなす」と、戦後の憲法前文の「平和を愛する諸国民の公正と信義に信頼して、われらの安全と生存を保持しようと決意した」（みんな良い人だから仲良く、ことを荒立てないで）という夢想的な民主教育で育っている民族だから、叩くとか殴るということ自体が嫌いだ。しかもそれが原因と見られる自殺なども出ている。

そんな時に敢えてそんな印象の悪い言葉をなんで擁護するのだろう。「体罰は一切反対だ」と言うほうが理性的な感じがするし、第一みんなが悪いと言っているから大きな声で叫んでも安心だ。かくして「エ、あんたもそんなことを言うの?」という人を含めて「体罰絶対反対!」のシュプレヒコールが日本国中に響き渡る。

だが、越えられなかった壁を越えた時の達成感を知っている者としては、自分で限界に追い込めないのであれば、指導者に限界まで追い込んでもらうというのも、自分が成長するために必要なことだって、時と場合によってはあるからだ。

大道塾にモンスターペアレンツはいないけれども、昔と違って、今の少年部の指導の時に心がけていることがある。昔であれば普通に厳しく指導してもやめてしまう生徒はごく少数だったが、今は厳しく指導すると、やめてしまう。

そこで、心がけているのが、指導者と生徒が良い意味で上下関係は維持しつつも友達関係になるということ。そういう人間関係になることで、信頼関係が深まる。信頼が深まらずに厳しくすると、逃げてしまうケースが多い。

今の学校教育に欠けていることであり、先生と生徒の信頼関係があってこそ、学校が子供の心と体を強くする教育指導の場になれるのだ。

さらに論を進めると、子供や若い世代に経験してほしいことの一つが、集団生活だ。長いと言われるかもしれないが、心だけではなく非力な現代っ子を鍛錬する上でも半年とか欲しいが三カ月でも良い。とは言ってもこうなると学校教育そのものに関わってくるので一朝一夕ではできないだろうから、せめて、小・中学生には、夏休みなどを利用して林間学校等をもっと活発にやってほしい。それも二、三日ではなく、最低一週間くらいの日程で海や山の自然を相手に集団生活を体験させたい。そこに国も地方行政も補助金を出して支援すべきだと思う。

そのあと、やってほしいと思うのは、社会へ出る直前の人たちだ。高校を卒業して就職する若者、大学を卒業して就職する若者には、研修期間として企業に入る前に、この集団生活をすることで、学ぶことがたくさんあると思う。

決して自分の体験談だけで語るつもりはないが、私が最初に自衛隊に入隊して、二段ベッドで、八人が同じ部屋になった時というのは、苦痛だった。でも、そこで初めて見知らぬ人と集団生活というものを経験できたことは、社会勉強になったのも事実だ。仙台で一人暮らしを始める前の自分は気仙沼の実家で静かな夜を過ごしていた。信じられないかもしれないが、「シーン」という音が聞こえてくるくらい静かな場所であった。それが、出身地も趣味も言葉使いも千差万別の人間の集まりの中で、悪ガキだった自分が、ぎこちない会話から始まって、集団生活のルールや常識を身につけていった。反対意見も多いかもしれないが、大げさに言えば、大学入試や就職試験の条件の中に、集団生活を入れても良いと私は思っている。奉仕活動、ボランティア活動も素晴らしいことであるが、集団生活をすることのほうが、コミュニケーションも図れるようになっていくと思う。

●至誠空拳と天地有情

「至誠空拳《しせいくうけん》」は、そのまま、「誠を尽くせば拳（武）は要らない」という意味である。武道の世界に入門してくる子供たちのほとんどの思いは、「強くなりたい」である。もっと直接に言えば、「喧嘩が強くなりたい」である。

ところが、護身以外（これは重要で、武道修行の唯一無二の理由だが）、世の中、腕力で解決することはほとんどない。「ケンカに強い＝自分に自信をつける」まではイコールでも、「＝世の中で強い」とは、往々にしてならない。折角の武道で自信をつけて世の中の「一隅を照らす」、もしくは「範を示す」にしても、戦国時代ではないのだから、腕力（武力、護身力）そのものが生のままで役に立つことはほとんどないのだ。その自信を自分の内面で発酵、熟成させて丸味を持たせてこそ、他人は安心して近寄り、寄り掛かることができるのだ。

「至誠空拳」＝立派過ぎで余り使いにくい言葉だが、結局「世の中を動かすのは、人間性なんだ」。そのことを、若者が惹かれる拳（武）と、やや重苦しく感じるだろうが生きていくうえで最も重要な誠を対照させてみた言葉である。

「天地有情《てんちゆうじょう》」は、全くの青天の霹靂《へきれき》とでも言うしかない事件で、我が人生の宝とも思っていた息子を亡くし、

「なぜこんなことが俺に起きるんだ！」「俺が何をしたというんだ！」

と世を呪い、生きる希望を失くしていながらも、「弟子が見ているから」とか「世界大会を成功させなければ」という義務感と惰性で生きたその後の二年間だった。この辛い日々を過ごしてきて、自分の心に浮かんだ言葉が「天地有情」だった。

前述したように、弟子に目を覚まさせられることになると、「俺には護るべき家内と

娘、そして大道塾、空道があるんだ」という気持ちになってきたある日、何気なく息子のために編んだ回想録をまた読み返した時、息子が去った二日前の夜「今のままでは大道塾もだめだ。設立時の目標であった『本当に社会から必要とされる武道』を創り上げないと、これから続く若者に目標を与えられない」と飲みながら二人で話したことが、今さらのように甦ってきた。

「そうかこの仕事を果たすことが、俺の残りの人生を意味あるものにするだろうし、あいつへの供養にもなるんだ」という気になれた。

「天地有情」＝この世は無機質なものではなく情で成り立っている。自分の感情、他人の感情、自然の春夏秋冬等などの中で「人は生かされている」という……。

世の中がますます世知辛くなって行く中で、だからこそ天と地の間には情がある、満ち溢れていると感じること、起こることは何らかの意味があるのだろうし、俺たちは人知を超えたところで動いている宇宙に身を委ねて生きるしかないんだ、と思うことなど、自分勝手に解釈している。

●大道塾《だいどうじゅく》について

『大道塾』の大道＝『大道無門』（だいどうに至るに門なし。即ち、人の世の全てが修行の糧、至高に辿り着く道程となりうる）という言葉から借りており、先入観や、固定観念を避け、全てを抱含し、しかし一つには偏らない自由、開放を塾是としている。また、強くなるための稽古・努力が「人間として完成する」ために役立つという信念から、人間形成・教育の場としての道場であるという意味を込め「塾」とした。

※『大道塾』という名称の由来
中国、南宋時代の無門慧開《むもんえかい》という禅僧の書『無門関』の序文にある、「大道無門　千差有路　透得此関　乾坤独歩＝大道無門、千差の路有り。この関を透得《しゅうとく》せば乾坤《けんこん》に独歩ならん」を典拠。即ち仏法の「大道（至高）に至るには一定した門がない＝大道（至高）に至る路は無数にあり、四方・八面一切のものが修行になる。この路の関（関門＝難所・修行）を透（透＝通過）得（できれば）、乾坤（天地＝人世）を一人でも（堂々と）歩める」という言葉に由来している。

『大道塾』は空手から発展した「格闘空手」の団体として塾長・東孝により１９８１年宮城県仙台市に

創立され、現在は東京都豊島区に総本部を置く、日本有数の規模（現在国内１００カ所以上、海外約50カ国）に支部を持つ総合武道の団体。『ＮＰＯ国際空道連盟』および『㈳全日本空道連盟』の傘下団体として、実戦性と安全性を重視した武道スポーツ「空道《くうどう》」の普及に勤めている。

※『大道塾』は、実戦的でありながら社会に認知される武道スポーツ「空道」の発展を目指している。強くなるための稽古・努力が、「格闘家としてだけでなく人間として完成させる」ことに役立つという信念から、人間形成・教育の場としての道場であるという意味を込め『大道塾』と名づけられた。

※「空道」は、突き技、蹴りに加え、投げ、頭突き、肘打ち、金的蹴り、寝技、寸止めマウントパンチ、関節技、絞め技など様々な攻撃が認められる総合武道スポーツである。試合では、頭部に「ネオヘッドギア空（くう）」という特別に開発された防護補助具を、急所にファウルカップを着用し、素手・素足で闘うが、大道塾指定の拳サポーター、バンテージの使用は認められる。

※『北斗旗』とは、

北極星は天球の北極に最も近く、ほとんどその位置を変えない星である。一方、北斗七星はこの北極星の位置を指し示し、また、この星により古代の人々は時を知ったと言われている。投げ技までの「格闘空手」から、寝技を解放した「総合武道・空道」と名称は変わったにしろ、北極星を唯一厳然たる不動の「究極の価値」あるものと考え、北斗七星を「現在の時＝現在の自分の力、を知り得る道標」と考えた場合、「広く、より以上の至高のものを求める」シンボルとしての相互の関係は全く変わらない。従って、究極・至高の道を極めた標《しるし》として、大道塾の大会名に『北斗旗』と冠した。

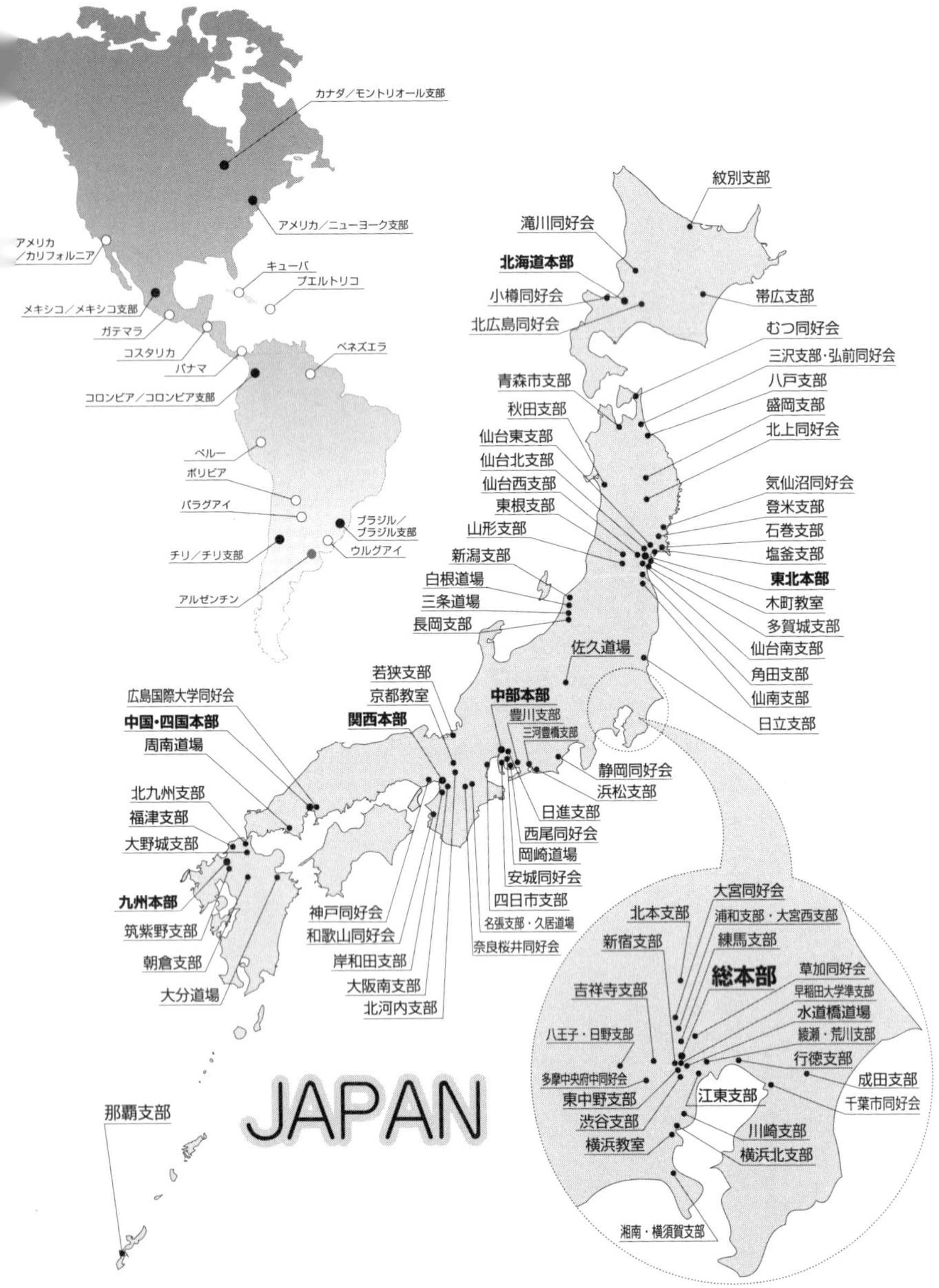
カナダ／モントリオール支部
アメリカ／ニューヨーク支部
アメリカ
／カリフォルニア
キューバ
プエルトリコ
メキシコ／メキシコ支部
ガテマラ
コスタリカ
パナマ
ベネズエラ
コロンビア／コロンビア支部
ペルー
ボリビア
パラグアイ
ブラジル／
ブラジル支部
チリ／チリ支部
ウルグアイ
アルゼンチン
紋別支部
滝川同好会
北海道本部
小樽同好会
北広島同好会
帯広支部
むつ同好会
三沢支部・弘前同好会
八戸支部
盛岡支部
北上同好会
青森市支部
秋田支部
仙台東支部
仙台北支部
仙台西支部
東根支部
山形支部
気仙沼同好会
登米支部
石巻支部
塩釜支部
東北本部
木町教室
多賀城支部
仙台南支部
角田支部
仙南支部
日立支部
新潟支部
白根道場
三条道場
長岡支部
佐久道場
若狭支部
京都教室
中部本部
豊川支部
三河豊橋支部
関西本部
広島国際大学同好会
中国・四国本部
周南道場
静岡同好会
浜松支部
日進支部
西尾同好会
岡崎道場
安城同好会
四日市支部
名張支部・久居道場
奈良桜井同好会
神戸同好会
和歌山同好会
岸和田支部
大阪南支部
北河内支部
北九州支部
福津支部
大野城支部
九州本部
筑紫野支部
朝倉支部
大分道場
那覇支部
JAPAN
大宮同好会
北本支部
浦和支部・大宮西支部
新宿支部
練馬支部
総本部
草加同好会
吉祥寺支部
早稲田大学準支部
水道橋道場
八王子・日野支部
綾瀬・荒川支部
行徳支部
多摩中央府中同好会
成田支部
東中野支部
江東支部
千葉市同好会
渋谷支部
川崎支部
横浜教室
横浜北支部
湘南・横須賀支部

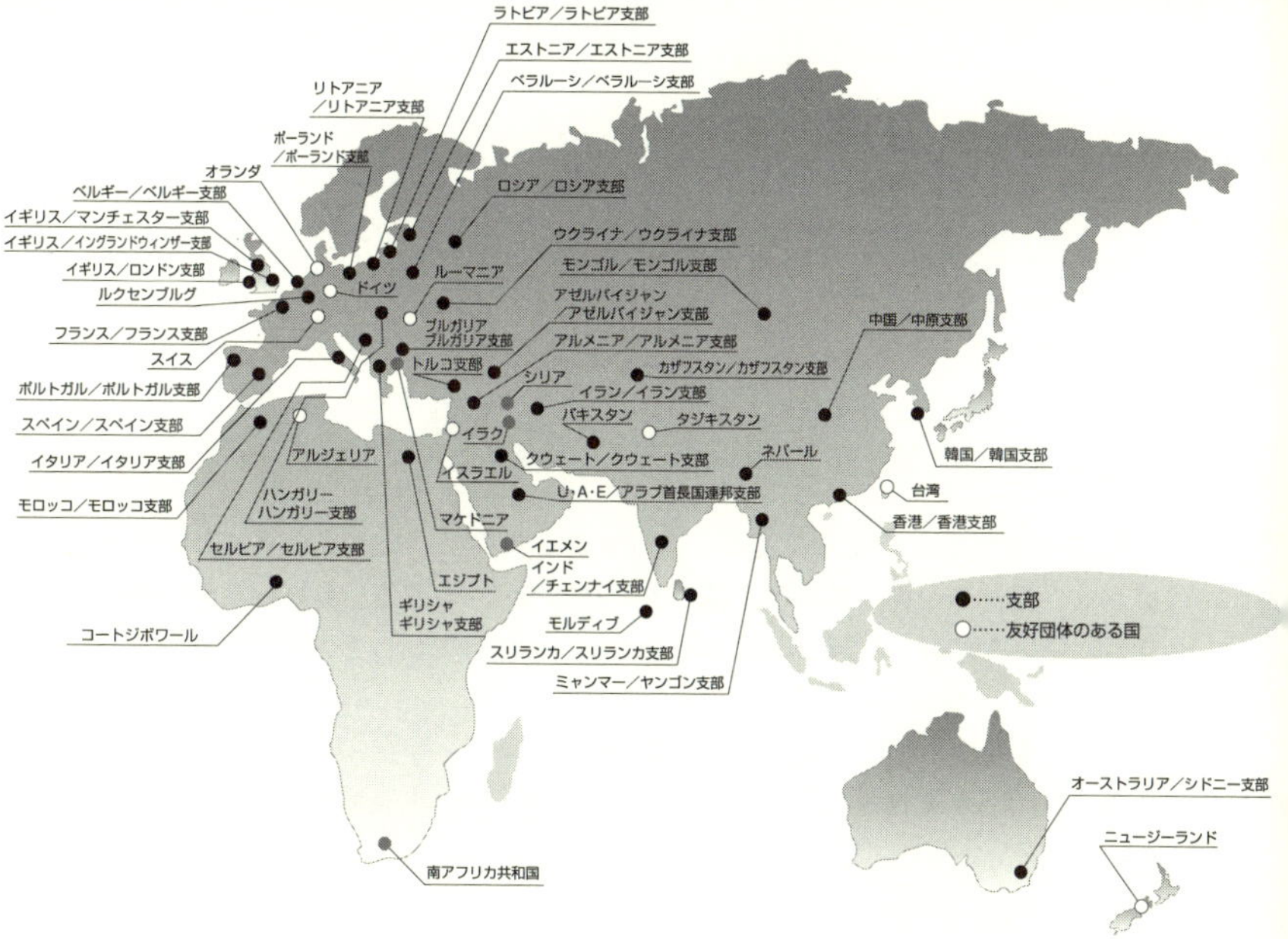
ラトビア／ラトビア支部
エストニア／エストニア支部
ベラルーシ／ベラルーシ支部
リトアニア
／リトアニア支部
ポーランド
／ポーランド支部
オランダ
ベルギー／ベルギー支部
イギリス／マンチェスター支部
イギリス／イングランドウィンザー支部
イギリス／ロンドン支部
ルクセンブルグ
ドイツ
フランス／フランス支部
スイス
ポルトガル／ポルトガル支部
スペイン／スペイン支部
イタリア／イタリア支部
モロッコ／モロッコ支部
ロシア／ロシア支部
ウクライナ／ウクライナ支部
ルーマニア
モンゴル／モンゴル支部
アゼルバイジャン
／アゼルバイジャン支部
ブルガリア
ブルガリア支部
アルメニア／アルメニア支部
トルコ支部
カザフスタン／カザフスタン支部
シリア
イラン／イラン支部
中国／中原支部
パキスタン
タジキスタン
イラク
クウェート／クウェート支部
韓国／韓国支部
アルジェリア
ネパール
イスラエル
台湾
U・A・E／アラブ首長国連邦支部
ハンガリー
ハンガリー支部
香港／香港支部
マケドニア
イエメン
セルビア／セルビア支部
インド
／チェンナイ支部
エジプト
●……支部
○……友好団体のある国
ギリシャ
ギリシャ支部
モルディブ
コートジボワール
スリランカ／スリランカ支部
ミャンマー／ヤンゴン支部
オーストラリア／シドニー支部
ニュージーランド
南アフリカ共和国

WORLD

大道塾

支部MAP

空　道

社会的に広く認知された“21世紀生まれの新しい武道スポーツ”を目指して！

東　孝　…「空道」という新しい武道を着実に公的スポーツへと一歩ずつ前進させてきた。その手腕は、一武道家の枠を超えて、人間育成の指導者として高い評価を得ている。

1981年（昭和56）　将来を見据え、当時全盛を極めていた直接加撃カラテを発展させ、投げや顔面への打撃を認める「格闘空手　大道塾」を宮城県仙台市に創設。創設5年目で大阪に関西本部を設立、6年目で仙台を東北本部とする。

1986年（昭和61）　東京に進出し「大道塾 総本部」を置く。順次、九州（福岡）、中部（名古屋）、北海道（札幌）、中・四国（広島）と、主要都市へ地区本部を設立。

1993年（平成5）　海外からの要望に応える形で、ロシア（ウラジオストク）に海外支部第1号を開設。後の海外支部設立ラッシュのさきがけとなる。

2001年（平成13）　独自の技術体系の発展から競技名を「空道」と命名。「第1回世界空道選手権大会」を約20カ国の参加で開催。「21世紀の新しい武道」として4年ごとの開催で加盟国を増やし続けている。

2013年（平成25）　第2のオリンピックと言われる「World Games 2013 Cali」大会（コロンビア）に、空道が「Exhibition Sports」として参加、「世界的公的競技」としての第一歩を踏み出す。

2014年（平成26）「第4回世界空道選手権大会」を約70カ国参加で開催予定（この10年で世界から50カ国の増加）。「空道」を一武道として発展させるだけではなく“起業的”意思で"日本文化"として世界に普及させるために、塾長を先頭に日夜東奔西走している。

ワールドワイドなビッグビジネス！「空道」は、スポーツであり、人間そのものである!!「大道塾」は、子供たちと若者の成長をサポートしています。

〔著者略歴〕 東　孝（あずま・たかし）

ＮＰＯ法人国際空道連盟理事長。国際・全日本空道連盟理事長。空道大道塾創設者・代表師範・塾長。空道九段、柔道三段。

1949年（昭和24）宮城県気仙沼市に生まれる。宮城県立気仙沼高校入学、柔道部に入部。ここで生涯を「武道」と関わる契機となった。

1970年（昭和45）自衛隊入隊。1971年（昭和46）、早稲田大学第二文学部へ入学。

1972年（昭和47）自衛隊を満期除隊。極真会館総本部に入門する。

1973年（昭和48）極真第５回全日本大会出場。以降、連続上位入賞し、1977年（昭和52）の極真第９回全日本大会で優勝。

1981年（昭和56）宮城県仙台市に『空手道大道塾』を設立する。1986年（昭和61）に大道塾総本部を東京に移転、現在に至る。

著書に、『はみだし空手』『格闘空手――空手を超えた空手』『格闘空手２』『格闘空手への道――75のステップ入門編』『はみ出し空手から空道へ』（以上、福昌堂）、『大道無門――人生万事、修行の糧と為す』（JICC出版局）、『着衣総合格闘技 空道入門 ～WHAT IS KUDO ？～』（ベースボール・マガジン社）がある。

［大道塾総本部ホームページ］ http://www.daidojuku.com/home/home.html

人と結びて有情《ゆうじょう》を体《たい》す

社会の絆、家族の絆は武道にあり

2013年10月10日　初版印刷
2013年10月20日　初版発行

ISBN978-4-490-20846-7　C0075

著　者　　東　孝
発行者　　小林悠一
印刷製本　東京リスマチック株式会社
発行所　　株式会社東京堂出版
http://www.tokyodoshuppan.com/

〒101-0051 東京都千代田区神田神保町1-17
電話03-3233-3741 振替00130-7-270